新时代智库出版的领跑者

智库 中社
国家智库报告 2022（13）
National Think Tank
经　济

21世纪以来中国劳动力市场演变

曲玥　程杰　李冰冰　王晓宇　张琛　著

THE EVOLUTION OF CHINA'S LABOR MARKET IN THE 21ST CENTURY

中国社会科学出版社

图书在版编目(CIP)数据

21 世纪以来中国劳动力市场演变/曲玥等著. —北京：中国社会科学出版社，2022.9

(国家智库报告)

ISBN 978-7-5227-0718-1

Ⅰ.①2… Ⅱ.①曲… Ⅲ.①劳动力市场—演变—中国—21 世纪 Ⅳ.①F249.212

中国版本图书馆 CIP 数据核字(2022)第 141246 号

出 版 人 赵剑英
项目统筹 王 茵 喻 苗
责任编辑 王 衡
责任校对 朱妍洁
责任印制 李寡寡

出 版 中国社会科学出版社
社 址 北京鼓楼西大街甲 158 号
邮 编 100720
网 址 http://www.csspw.cn
发 行 部 010-84083685
门 市 部 010-84029450
经 销 新华书店及其他书店

印刷装订 北京君升印刷有限公司
版 次 2022 年 9 月第 1 版
印 次 2022 年 9 月第 1 次印刷

开 本 787×1092 1/16
印 张 13.5
插 页 2
字 数 125 千字
定 价 78.00 元

序　理解中国劳动力市场的动态变化

中国经济发展正处于快速的结构调整过程中。这一时期的结构变化既有中等收入国家向高收入国家迈进时所表现出的一般特征，也包含了中国经济自身的独特因素。伴随着经济发展进入新阶段以及与此对应的经济结构变化，劳动力市场的动态变化也越来越明显。众所周知的“刘易斯转折”，就是中国劳动力市场结构变化最明显的体现。而经历了“刘易斯转折”之后，劳动力市场的动态变化并没有结束，持续地观察、理解中国劳动力市场动态变化的特征，成为中国劳动经济学家的重要使命。正因为如此，我认为这本专著兼具时代意义和学术价值。

从事中国劳动力市场研究的学者，在试图观察劳动力市场的动态变化时面临的一个最大的难题是缺乏第一手的微观资料。近年来，劳动与就业统计工作已经取得了长足的进步。其中突出的变化是从 2017 年 1 月开始，国家统计局公布城镇调查失业率。自此，城镇调查失业率也取代了使用多年的城镇登记失业率成为就业工作的主要调控指标。虽然城镇调查失业率是反映劳动力市场运行的非常重要的实时指标，但劳动力市场是一个复杂的系统，仅仅以个别指标肯定难以反映其全貌。劳动经济学家需要更完整的调查信息，监测劳动力市场的动态变化。本书使用的数据来源于中国社会科学院人口与劳动经济研究所组织的“中国城市劳动力调查”。该调查始于 2001 年，其较长的时间跨度覆盖了中国劳动力市场结构变化最明显的周期，作者可以借此理解结构性变化对劳动力市场上微观主体行为产生的影响。“中国城市劳动力调查”遵循科学、严格的抽样方案，尤其是对外来人口过度抽样，使得每一个城市的样本可以确保对流动劳动力进行代表性的分析，可以更好地理解“劳动力流动”这一当前中国劳动力市场非常重要的现象，如何发生和产生什么样的影响。该调查资料丰富的指标信息，使作者可以更全面地刻画劳动者的行为，避免盲人摸象式的管窥。

作为一本概括性的专著，本书涵盖了一些反映劳动力市场动态性的基本内容，对充分就业、就业转换、就业质量、劳动力流动、人力资本的劳动力市场回报等进行了细致的梳理和研究。在大量实证分析的基础上，本书不仅对上述诸多现象给出了作者自己的理解，也讨论了相关的政策取向。可以说，较之于很多智库类研究成果，本书展现了曲玥、程杰等作者注重实证分析的研究特色。

中国的经济发展和劳动力市场运行仍然处于不断变化的进程中，作为他们的同事，我期待本书这一群生机勃勃的年轻作者对中国劳动力市场持续跟踪，产出更多、更好的研究成果。

都　阳

2022 年 7 月

摘要：中国劳动力市场发展见证了中国经济奇迹。短短几十年时间，中国城镇劳动力市场完成了从无到有、从自发探索到体系有序的过程，经历了国企改制、加入世界贸易组织（WTO）、国际金融危机，以及人口与经济结构转变等一系列冲击与考验。劳动力市场与宏观经济密切关联，与个体和家庭戚戚相关。本研究立足微观视角，利用2001年以来四轮中国城市劳动力调查（China Urban Labor Survey，CULS）数据，全面地观察21世纪以来中国城镇劳动力市场变迁，把握中国劳动力市场发展的典型特征，理解中国经济转型与全球融入过程。

中国劳动力市场大体经历了从2000年前后的“固态僵化”、2005年前后的“冲击无序”，到2010年前后的“建立重整”，再到2015年以来的“逐渐完善”的变迁历程。经济运行的活力与劳动力市场表现密切相关，劳动力市场总体上达到了较为充分的就业，家庭和个体层面的劳动参与率较高，但同时也表现出一些挑战，青年失业率高、女性劳动参与率下降、群体与区域分化等现象成为劳动力市场面临的主要问题。

中国改革是渐进式的，劳动力市场转型不是一蹴而就的。2001—2005年，国企改制进入攻坚阶段，城镇劳动力从国有企业快速转入市场化部门；2005—2010年，体制转轨基本完成，从国有部门（公共部门和国有企业）向市场化部门就业转移的步伐明显放缓，股份制方式的国有经济与民营经济合作成为就业创造的新形式；2010—2016年，市场经济体制改革深入推进，市场化部门创造更多就业岗位，城镇劳动力迎来了从国有（准国有）部门向市场部门转移的“第二波浪潮”。尽管市场化进程不断推进，但国有部门（经济）在城镇经济和劳动力市场中仍然扮演重要角色，市场化改革道路并未完成。

就业正规化程度是劳动力市场发展的重要反映，而非正规就业大多表现为较低的劳动收入、较差的劳动权益保障和较低的社会保障覆盖。21世纪以来的20年，中国城市劳动力市场经历了从非正规就业向正规就业转变的过程，劳动力市场体系逐渐完善，劳动合同和社会保险制度等覆盖面快速提高。城市正规就业比重呈现逐年上升的趋势，相应地非正规就业比重逐渐下降，就业质量逐渐提高，劳动力市场监管更加规范。男性比女性更容易获得正规就业机会，但性别差距趋于收敛，本地城市户口在正规就业选择上存在明显的优势，人力资本水平是获得正规就业机会、进入正规就业部门的重要影响因素。

劳动力从农业农村部门转移到城镇非农部门是中国劳动力市场发展的重要特征，从城乡二元结构走向城乡一体化也是劳动力市场成熟的重要标志。城市本地户口劳动者、城城流动劳动力与农民工群体之间的相对关系变化见证了劳动力市场的快速转变。城市本地户口劳动力与农民工的工资差距呈现出先扩大再缩小、之后再次扩大的变化趋势，城市本地户口劳动力与农民工的工资差距从2001年的1.30扩大到2005年的1.72，之后下降到2010年的1.19，但到2016年这一差距再次扩大到1.44。劳动力市场供求关系与技能需求结构都出现了快速变化，工资差距变化正是这一结构性转变的直观反映。2010年前后农民工与城镇本地劳动者工资收敛的主要驱动力来自“供给侧”，2016年两者收入差距再次扩大的主要驱动力来自“需求侧”。

2008年国际金融危机考验了中国城市劳动力市场抵御系统性外部风险的能力。国际金融危机对沿海地区出口导向型部门尤其是制造业影响较大，这些部门大多是市场化部门，集中了大量民营企业和流动就业人员。流动人口首当其冲地遭受系统性外部风险冲击，农民工面对外部不确定性风险时更倾向于选择返乡，本质上可以理解为短期失业，农业农村发挥了“就业蓄水池”功能，而城市本地劳动者在面临外部风险冲击时得到了较好的就业保护。不同群体遭受冲击的程度及其应对方式存在差异，背后反映了劳动力市场灵活性与安全性之间的协调性矛盾。

教育回报率反映了劳动力市场对不同教育水平劳动力的相对需求。教育回报率在2001—2010年趋于上升，2016年略有下降。研究估算表明，每接受一年教育的回报在2001年为7.75%，2010年上升到9.78%，到2016年下降到9.39%。教育回报率的提高表明劳动力市场中对技能的相对需求在提高，即使经历了教育扩招的供给冲击，但由于对技能的相对需求增长更快，接受更多教育在劳动力市场中的回报仍然是十分可观的。2016年之后的下降可能与经济增长相对乏力、经济结构转型调整以及技能需求结构变化有关。城市本地户口劳动力的受教育年限回报最高，且呈现稳定提高态势，而外地城市户口和农村户口的劳动力教育回报率明显偏低，这反映出城市劳动力市场中仍然存在一些制度性障碍。职业教育正在面临劳动力市场筛选的重大挑战，相对于高中教育，中职教育回报率下降幅度较大，到2016年已经趋近，中等职业教育相对于普通高中通识教育的优势几乎丧失，不同代际之间的中职教育以及中职学生生源的相对质量发生根本性变化，这也是当前“普职分流”矛盾日趋尖锐的根源。

工作转换是实现个人职业升级和劳动力市场效率提升的重要途径。理论上并不存在一个统一标准的合意“工作转换”程度，一个运行良好的劳动力市场会存在一定程度的工作转换，并且这样的工作转换可以带来劳动力和工作岗位的更好匹配。工作转换周期总体上趋于拉长，主要原因可能不在于工作机会更少，而取决于劳动者更多样化的就业需求。平均工作转换周期从2001年的0.6年延长到2016年的1.7年，一方面工作转换发生频次下降，另一方面工作转换的周期变长，反映出工作转换的决策更为谨慎，体现了劳动者对高质量就业的更高追求，即从“有工作”升级至“有好工作”，相应的匹配需求难度加大，转换周期更长。

中国劳动力市场发展具有市场经济国家的一般规律与特征，同时也表现出独特性。尽管劳动力市场逐步完善，但改革尚未彻底完成，劳动力市场中依然遗留了一些尚待解决的转轨痕迹。中国经济已经进入新发展阶段，高质量发展成为时代主线，劳动力市场发展也将定位于更加充分、更高质量就业目标。面对人口负增长阶段的劳动力供给形势，新技术变革驱动下的经济结构快速转变，以及更加复杂多变的国内外环境，风险与挑战更大，可资借鉴的经验更少，劳动力市场改革与发展任重道远。

关键词： 劳动力市场；就业；人力资本；技能；转型

Abstract: The development of Chinese labor market has witnessed Chinese economic miracle. In just a few decades, the urban labor market in China has been established from scratch, and developed into an orderly and organized market system after the spontaneous exploration in early stage. It has experienced the challenges and shocks from the reform of state-owned enterprises (SOEs), the accession to WTO, the global financial crisis, and the demographic transition and economic structural change. The labor market is closely linked to the macroeconomy and to the individuals and households. Based on a microscopic perspective, by using data of four rounds of China Urban Labor Survey (CULS) since 2001, this book comprehensively explores the changes of Chinese urban labor market in the 21st century, highlights the typical characteristics of the development of Chinese labor market, and helps to understand Chinese economic transformation and the process of its integration into global economy.

Chinese labor market has experienced the following stages: the rigidity state around 2000, the disorder state around 2005, the restructuring around 2010, and the gradual improvement around 2015. The economic vitality is closely related to the performance of the labor market. Overall, the labor market in China has achieved relatively full employment, relatively high labor force participation rate at the individual and household level, but there are also challenges, such as high unemployment rate of the youth, declining labor force participation rate for females, and the divergence trend for different regions and groups.

The reform in China is gradual, and the labor market transformation cannot be accomplished overnight. Between 2001 and 2005, the reform of SOEs went into a crucial stage and the urban labors were rapidly shifted from state owned sector to market-oriented sectors; between 2005 and 2010, as the institutional reform being basically accomplished, the above shift slowed down significantly, and the joint-stock cooperation between SOEs and private sectors became a new form of job creation; between 2010 and 2016, because the reform of the market economy system had been further advanced, and the market-oriented sectors created more jobs, the urban labors experienced the second wave of transferring from state (quasi-state) owned sector to market-oriented sectors. Despite the continuous advancement of the marketization process, the state-owned sector (economy) still plays an important role in the urban economy and labor market, and the marketization reform has not been finished.

The degree of formalization of employment is an important reflection of the development of the labor market. Informal employment is always related to lower income, poorer protection of labor rights, and lower social security coverage. During the past 20 years in the 21st century, Chinese urban labor market has experienced a process of transition from informal employment to formal employment, with the labor market system gradually improving, and the coverage of labor contracts and social insurance systems rapidly increasing. The proportion of urban formal employment shows an upward trend, while the proportion of informal employment gradually declines. Meanwhile, the quality of employment has gradually improved, and the labor market supervision has become more standardized. Males are more likely to obtain formal employment opportunities than females, but the gender gap tends to narrow. People with local urban hukou has obvious advantages in obtaining formal employment, and human capital is also an important factor for obtaining formal employment opportunities and entering the formal sector.

The migration of labor from agricultural and rural sectors to urban and non-agricultural sectors is an important feature of Chinese labor market development, and the transition from urban-rural dual structure to urban-rural integration is also an important sign of labor market maturity. The difference among workers with local urban hukou, inter-urban migrants and rural to urban migrants have witnessed the rapid changes in the labor market. The wage gap between local urban workers and rural-urban migrants shows a trend of first widening, then narrowing, and then widening again. The wage gap between local urban workers and rural-urban migrants widened from 1. 30 in 2001 to 1. 72 in 2005, and then decreased to 1. 19 in 2010, but widened again to 1. 44 by 2016. The supply and demand in the labor market and skill demand structure have undergone rapid changes, and the change in wage gap is an intuitive reflection of this structural change. Around 2010, The main driving force for wage convergence between rural-urban migrants and local urban workers came from the "supply side", however, the main driving force for the divergence in 2016 came from the "demand side" .

The global financial crisis tested the ability to resist external systemic risks of Chinese urban labor market. The financial crisis in 2008 had a greater impact on the export-oriented sectors in coastal areas, especially the manufacturing sector, which were mostly market-oriented sectors, with a large proportion of private enterprises and migrant workers. The migrant workers bear the brunt of systemic external shocks, and rural-urban migrants were more inclined to return to their hometowns in the face of external uncertain risks. In essence, this can be understood as short-term unemployment. Agriculture and rural areas played the role of "employment reservoirs". In contrast, the local urban workers were better protected in the face of external risks and shocks. The difference in the vulnerability and response between different groups reflected the coordination contradiction between the flexibility and security of the labor market.

The rate of return to education reflects the relative demand for labors with different levels of education. Returns to education tended to rise between 2001 and 2010 and declined slightly in 2016. The estimate results show that the return to years of schooling was 7.75% in 2001, then rose to 9.78% in 2010, and fell to 9.39% in 2016. Increasing return to education indicated an increase in the relative demand for skills in the labor market. Even after the supply shock caused by college expansion, the return to education is still substantial because the relative demand for skills grew faster. The decline in education return in 2016 may be related to the slowdown of economic growth, the structural transformation in the economy, and change in skill demand. The education return for the local urban labor is the highest and shows a steady increase, while the education return for the migrants is obviously lower, which reflects that there are still some institutional obstacles in the urban labor market. Vocational education is facing great challenge from market competition. The return to secondary vocational education has declined significantly and has been approached close to the return of general high school education by 2016. The advantages of secondary vocational education compared to general high school education almost disappear due to the fundamental changes in the quality of secondary vocational education and the quality of different student cohorts. These are also the source of the increasingly acute contradiction between the current "division of students into general high schools and secondary vocational schools" policy and the public.

Job turnover is an important way to achieve personal career promotion and improve labor market efficiency. There is no common standard for the desired degree of "job turnover" . There will be a certain degree of job change in a well-functioning labor market, which will bring better matching between workers and jobs. The job search duration has generally tended to be longer, and this may not be due to fewer job opportunities, but more diverse job needs of workers. The average years of job search duration has been extended from 0.6 years in 2001 to 1.7 years in 2016. On the one hand, the frequency of job switching has decreased, on the other hand, the job search duration has become longer, which reflects that the decision-making of job switching has been more cautious and reflects people's pursuit of higher quality employment, that is, upgrading from "having a job" to "having a good job" lead to increasing difficulty of matching and longer job search duration.

The development of Chinese labor market follows the general rules and characteristics of those market economy countries, but also shows its uniqueness. Although the labor market has gradually improved, the reform has not been fully accomplished, and there are still some problems left over by the transition, which remain to be resolved. Chinese economy has moved into a new stage of development. In this new stage, high-quality development has become the main objective, while in the labor market, full and higher-quality employment will be the main goal. Faced with the labor supply shortage and negative population growth in the new stage, the rapid economic transformation driven by technological changes, and the more complex and volatile domestic and international situation, China is confronted with greater risks and challenges, and there are fewer lessons to be learned from. As a whole, there is still a long way to go for the further reform and development of the labor market.

Key words: Labor Market; Employment; Human Capital; Skill; Transform

目　录

一　总论

中国劳动力市场发展见证了中国经济奇迹。短短几十年时间，中国城镇劳动力市场完成了从无到有、从自发探索到体系有序的过程，经历了国企改制、加入世界贸易组织（WTO）、国际金融危机，以及人口与经济结构转变等一系列冲击与考验。劳动力市场与宏观经济密切关联，与个体和家庭戚戚相关。本研究立足于微观视角，利用代表性城市的住户抽样调查数据，全面地观察21世纪以来中国城镇劳动力市场变迁，把握中国劳动力市场发展的典型特征，理解中国经济转型与全球融入过程。

（一）研究立意

中国劳动力市场发展呈现典型的阶段性特征。劳动力市场改革是中国经济体制改革的重要构成，20世纪末国企改制尘埃落定，意味着真正意义上的劳动力市场起步，随之而来的就是数以千万的城镇国企下岗职工再就业问题。进入 21 世纪，中国加速融入全球化，制造业在全球分工体系中扮演重要角色，城乡劳动力加快流动，灵活的劳动力市场加快形成。随之而来的国际金融危机冲击，首次考验了城镇劳动力市场抵御外部风险的能力，中国劳动力市场的灵活性和就业韧性得以体现。进入新发展阶段，中国人口与经济结构加快转变，劳动力市场供求关系发生深刻变化，劳动力市场体系逐渐成熟，结构性矛盾更加突出，新技术、新经济加速劳动力市场分化，当前及未来一个时期劳动力市场面临的冲击和挑战将是结构性和长期性的。

劳动力市场的核心问题是什么？劳动力市场发展的终极目标又是什么？从微观层面，个人能够从劳动力市场中获得就业机会，人力资本获取相应的回报，家庭成员合理分工，家庭经济和福利水平得到改善。从宏观层面，全社会劳动力资源得到充分利用，人力资源合理配置和流动，劳动力市场发育健全，更好地发挥经济增长和社会稳定的支柱作用。从制度体系层面，劳动力市场与经济转型相适应，教育和人力资本积累体系更加完善，就业和社会保障制度更加健全，劳动力市场政策成为宏观调控和社会发展战略的有效工具。

本研究重点从个体与家庭微观视角去观察劳动力市场动态变迁过程。中国城市劳动力调查（China Urban Labor Survey，CULS）由中国社会科学院人口与劳动经济研究所于2001年启动实施，以相近年份国家统计局人口普查和1%人口抽样调查为抽样框，以主城区的常住人口为总体，采用与常住人口规模成比例的抽样方法（Probability Proportionate to Size，PPS）开展的家庭住户抽样调查，每个城市抽取50—70个社区、1000—1200户样本家庭，对所有家庭成员进行问卷调查（见表1-1）。抽样过程采取两阶段抽样方法抽选样本：第一阶段抽取居委会，采用PPS抽样方法来抽选出预定数量的居委会；第二阶段抽取住宅，在每一个抽中的居委会内，先抽取一定数量的建筑物，再针对抽中建筑物的所有住宅进行摸底，然后根据摸底信息分别建立本地户和外来户的住宅抽样框资料，最后采用随机等距方法抽选出一定数量常住住户（包括本地户和外来户）。

CULS调查项目主要特点：一是调查区域和城市基本固定，抽样在城市层面具有代表性，不同区域的代表性城市包括上海、广州、福州、武汉、沈阳、西安6个城市，便于长期跟踪对比研究。二是调查启动较早，连续性较强，约每五年开展一次调查，2001年第一轮、2005年第二轮、2010年第三轮、2016年第四轮。

三是调查覆盖城市本地户籍人口和外地户籍人口，可以对比分析城市本地人口、城城流动人口以及乡城流动人口（农民工）不同群体在城市劳动力市场中的差异。四是调查内容以就业和社会保障为主体，基本模块保持固定，根据经济发展与劳动力市场新变化以及相关重大改革与政策变化补充新问题。五是调查数据质量控制严格，调查实施由科研人员直接参与。尤其，从第四轮调查开始，使用计算机辅助面访系统，实现入户访谈、数据传输和质量审核同步，数据质量和调查效率得到提升。CULS 调查是国内为数不多的起步早、周期长、覆盖本地户与外来户的大样本住户抽样调查项目。

表 1 - 1　　中国城市劳动力调查样本情况

		上海	武汉	沈阳	福州	西安	广州	总体
2001 年	户	704	701	695	699	699	—	3498
	人	1750	1719	1530	1533	1577	—	8109
2005 年	户	1000	1003	988	1003	1020	—	5014
	人	2434	2874	2361	2718	2676	—	13063
2010 年	户	1300	1300	1320	1344	1346	1300	7910
	人	3250	3651	3080	3283	3462	3703	20429
2016 年	户	1216	1022	1015	1011	1002	1212	6478
	人	3607	3261	2747	2989	2759	3490	18853

数据来源：中国社会科学院人口与劳动经济研究所中国城市劳动力调查。

（二）主要内容

中国是典型的多重转型国家，劳动力市场发展经历了体制转轨、城乡二元结构、经济全球化、经济与产业转型等交错复杂的挑战。本研究重点从微观层面观察个体和家庭与劳动力市场之间的互动，围绕劳动力市场发育的关键指标，主要探讨就业的充分性、市场化程度、正规性与灵活性，从人力资本回报和就业转换视角评估劳动力市场的效率。

1. 充分的就业：劳动参与率与失业率

观察21世纪以来20年劳动力市场上主要运行的指标发现：总体上中国劳动力市场从无到有，大体经历了从2000年前后的“固态僵化”、2005年前后的“冲击无序”，到2010年前后的“建立重整”，再到2015年以来的“逐渐完善”的变迁历程。经济运行的活力与劳动力市场表现密切相关，劳动力市场总体上达到了较为充分的就业，家庭和个体层面的劳动参与率较高，但同时也表现出一些挑战，青年失业率高、女性劳动参与率下降、群体与区域分化等现象成为劳动力市场面临的主要问题。

随着劳动力市场建立并逐渐完善，劳动参与率趋于提升，失业率趋于下降（见图 1－1 和图 1－2）。但是，劳动力市场结构性矛盾愈加突出，年轻群体的失业率偏高。尤其，人力资本较高的大学生群体，就业不充分不利于他们的人力资本积累和长期职业发展，对经济社会发展也是一个较大的效率损失。大学生就业问题的复杂性体现在同时受到摩擦性失业、结构性失业和周期性失业的叠加影响，而短期的摩擦性失业有可能越来越多地转换成长期失业。

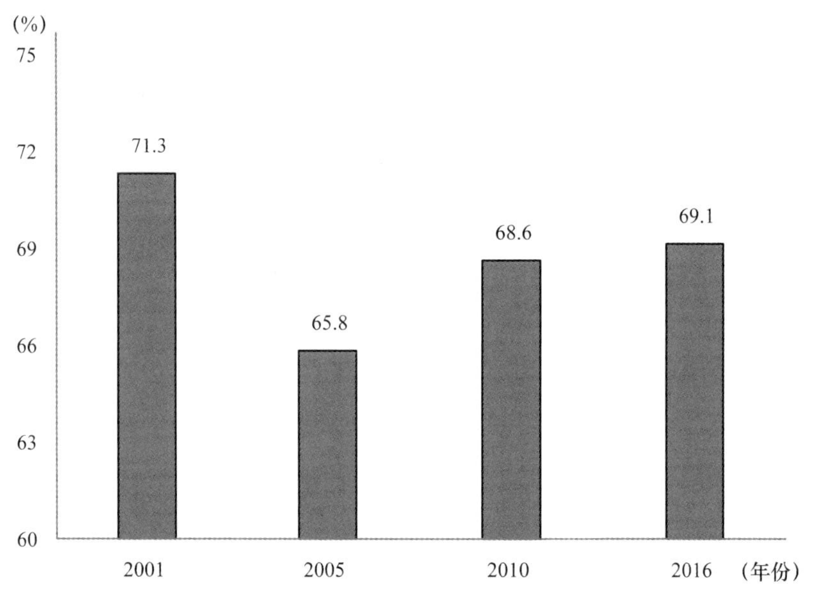

图 1－1 城市居民劳动参与率变化

注：城市居民指 16—60 岁劳动年龄人口。

数据来源：中国社会科学院人口与劳动经济研究所中国城市劳动力调查。

女性更容易成为“沮丧”的劳动者，突出表现为劳动参与率低、失业率低、工作转换更少、转换周期

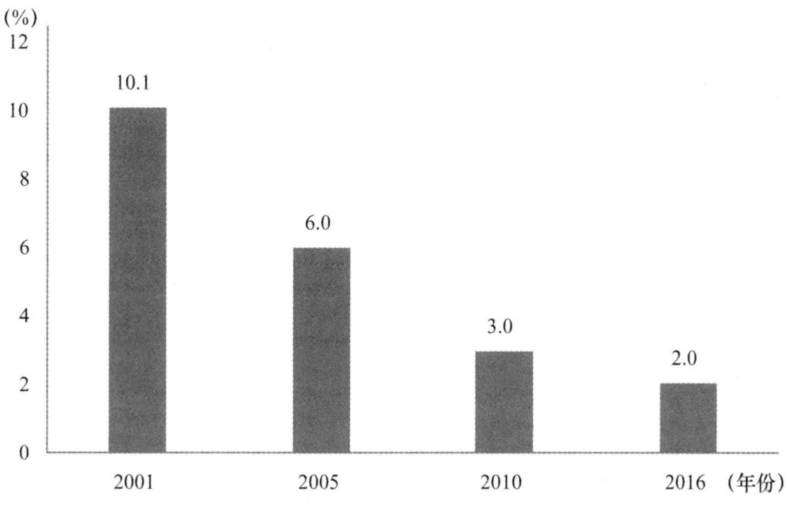

图1－2 城市居民失业率变化

注：城市居民指16—60岁劳动年龄人口。

数据来源：中国社会科学院人口与劳动经济研究所中国城市劳动力调查。

更长。城市劳动力市场中女性的教育回报率与男性的教育回报率差距拉大，加剧了家庭内部比较优势的分化，女性退出劳动力市场的机会成本下降，生育、养育成本提高也加重了女性就业的机会成本。女性在劳动力市场中仍然面临显性或隐性歧视，不公平、不友好的就业环境迫使女性推迟进入劳动力市场而选择继续升学，但就业问题并非得到根本解决，只是将就业矛盾一再延后。中国的体制转轨与文化价值观变迁并不同步，市场经济环境下的公共服务体系尚未健全（如0—3岁婴幼儿照护发展滞后），女性肩负社会和家庭的双重责任，面临生育选择和劳动供给的权衡，也是二者矛盾冲突的代价的主要承受者，生育、养育成本对女性劳动参与的负面影响较大，重返劳动力市场面临职业发展的脱节问题。

劳动力市场上不同人力资本构成的群体呈现两极化的表现。高中学历劳动力的劳动参与率明显下降，较高学历和较低学历对应的劳动力市场更为灵活。中国人口结构和劳动力供求关系加快转变，工资的快速上涨使得资本和劳动两种生产要素的相对价格发生变化，企业更倾向于以资本和技术（包括机器人）替代劳动，这也是经济结构变迁和产业结构升级的过程。智能化和自动化对常规性劳动的大量替代大多体现于人力资本水平和收入分布中处于中间位置的岗位，“机器换人”加速了就业的两极化，中低人力资本水平的劳动者面临更大挑战。

本地与外来劳动者的总体表现趋同，外来劳动力更具灵活性。在城镇劳动力市场发育初期，外来劳动力面临劳动力市场歧视，就业机会不多，表现为劳动参与率低、失业率高，随着劳动力市场发育和劳动力市场需求持续强劲，外来劳动力的表现逆转为劳动参与率更高、失业率更低。而且，外来劳动力尤其是农民工群体主要集中于市场化部门，尽管更容易遭受金融危机等外部风险冲击，但其适应调整能力也更强，在劳动力市场上表现出更佳的灵活性。

劳动力市场表现是经济总体运行的信号。改革开放以来，中国经济发展取得举世瞩目的成就，经济发展成为劳动力市场运行的基石，劳动力市场发展也为经济发展提供要素支撑。中国地区之间的资源禀赋和产业基础差异较大，但作为一个完整的经济体，区域之间的经济发展与劳动力市场又存在高度关联。东部较发达的上海、广州等城市，代表了经济率先发展的地区，其劳动力市场也拥有较高的劳动参与率、较低的失业率等良好表现，而经济相对发展滞后的东北地区如沈阳等城市则表现为劳动参与率较低、失业率较高，经济缺乏活力与劳动力市场缺乏效率表现同步。

2. 就业的市场化：从国有部门转向市场化部门

劳动力市场发展是要素配置效率改进的关键，支撑了中国21世纪以来经济的快速增长。体制转轨实现了城市劳动力市场从无到有，广大劳动者陆续从公共部门和国有部门流向市场化部门。但是，中国改革是渐进式的，劳动力市场转型不是一蹴而就的，改革之路也不平坦，当前劳动力市场发展中还遗留着未完成的体制转轨痕迹。

总体来看，劳动力市场体制转轨大体经历了如下过程：2001—2005年，国企改制进入攻坚阶段，城镇劳动力从国有企业快速转入市场化部门。2005—2010年，体制转轨基本完成，从国有部门（公共部门和国有企业）向市场化部门就业转移的步伐明显放缓，以股份制方式的国有经济与民营经济合作成为就业创造的新形式。2010—2016 年，市场经济体制改革深入推进，市场化部门创造更多就业岗位，城镇劳动力迎来了从国有（准国有）部门向市场部门转移的“第二波浪潮”。尽管市场化进程不断推进，但国有部门（经济）在城镇经济和劳动力市场中仍然扮演重要角色，城镇本地家庭参与劳动力市场过程中与公共部门或国有部门产生关联的比例仍然很高，市场化改革道路并未完成。

从劳动力市场体制转轨可以窥视地区之间经济转型发展的过程。为何沈阳（东北地区的典型代表）国企改制大刀阔斧地率先启动，而未能保持持久的市场经济活力和劳动力市场发展？沈阳（东北）经济和劳动力市场中的体制影响强度持续减弱，与其他发展水平相当的省会城市（武汉、西安甚至福州）并未表现出明显差异，这意味着所谓东北人都要进公共部门或国企就业的特殊偏好并不成立。沈阳（东北）面临的关键问题在于正规、高效的市场经济主体发育滞后，私营经济部门就业扩张缓慢。这给我们的启示是，市场化改革过程并非“一蹴而就”，也未表现出“稳步推进”，从劳动力市场来看，表现出一个“急速推进—徘徊反复—稳步发展”的阶段性特征，尤其 2005—

2010年究竟发生了什么？是混合所有制改革的内部压力，还是外部冲击下的"国进民退"，这些议题还值得深入探讨。

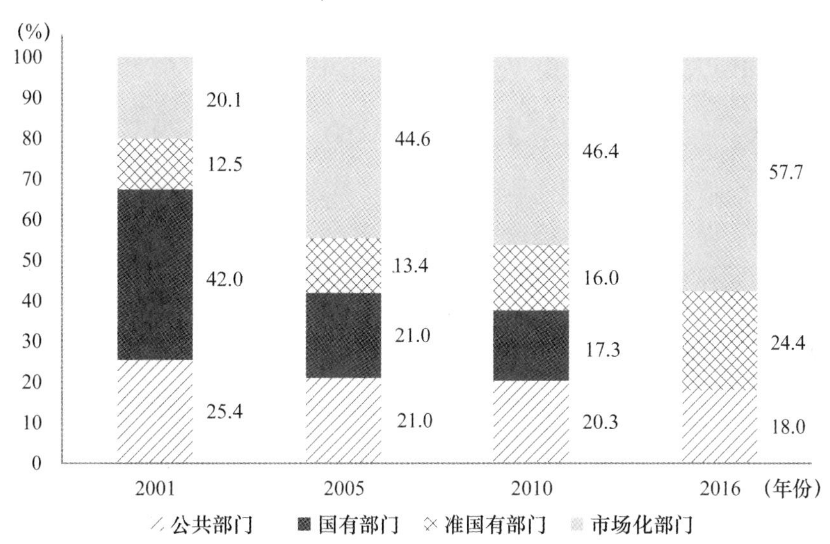

图1－3 城镇本地劳动者就业的所有制分布变化

注：公共部门指党政机关事业单位，国有部门指国有独资企业和集体独资企业，准国有部门指国有控股企业、国有控股合资企业、集体控股企业和集体控股合资企业，市场化部门指民办企事业单位、私营独资企业、外资独资企业、外资控股企业以及个体和零工等。2016年国有部门与准国有部门不再区分。外地劳动力绝大部分集中在市场化部门，这里只考虑城镇本地户籍劳动者。

数据来源：中国社会科学院人口与劳动经济研究所中国城市劳动力调查。

3. 就业的正规化：从非正规部门转向正规部门

劳动市场上正规就业和非正规就业的长期共存是当今世界存在的普遍就业状态，就业正规化程度是劳动力市场发展的重要反映。非正规就业大多表现为较低的劳动收入、较差的劳动权益保障和较低的社会保障覆盖。21 世纪以来的近 20 年，中国城市劳动力市场经历了从非正规就业向正规就业转变的过程，劳动力市场体系逐渐完善，劳动合同和社会保险制度等覆盖面快速扩大。城市正规就业比重呈现逐年上升的趋势，从 2001 年的 43.8% 上升至 2016 年的 75.1% （见图 1－4），相应地非正规就业比重逐渐下降，就业质量逐渐提高，劳动力市场监管更加规范。

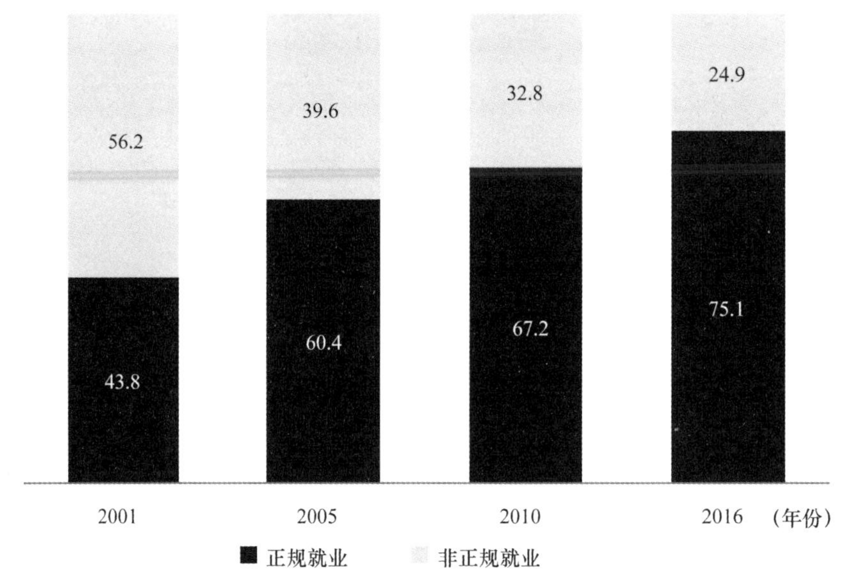

图 1－4　城市劳动力市场的正规就业和非正规就业的结构变化（%）

数据来源：中国社会科学院人口与劳动经济研究所中国城市劳动力调查。

劳动力市场正规化程度是城市经济发展的重要反映。21 世纪以来，不同地区的城市劳动力市场正规就业比例呈现逐渐上升趋势，但是城市之间存在显著差异。东北地区的沈阳经历了先上升再下降，然后逐步恢复上升的发展过程，这可能是国企改革冲击的反映。大批原本在正规部门就业的产业工人下岗，失业率上升，失业群体再就业往往进入到非正规部门，之后逐步恢复转变为正规就业。在被调查城市中，福州的正规就业比例曾经在2000年前后处于最低水平，仅有18%的劳动者从事正规就业，在2010年也出现略微下降，然后再次上升的趋势；而上海的劳动力市场正规化程度一直处于较高水平。

男性比女性更容易获得正规就业机会，但性别差距趋于收敛。2001年女性的正规就业比重只有37%，男性的正规就业比重为49%，到2016年这一性别差距从12个百分点缩小到2个百分点，正规就业比重达到了70%。这种收敛趋势一方面反映了女性群体的就业质量得到改善，在劳动力市场上能够更为平等地获得正规就业机会，另一方面也说明女性受教育水平提高带来了积极的就业影响，较高的受教育水平带来的较高人力资本和获得正规就业机会是密不可分的。当然，还有一种相对负面的推测，由于没有获得正规就业机会的女性已经退出了劳动力市场，表现为正规就业比重提高，但劳动参与率下降。

人力资本水平是获得正规就业机会、进入正规就业部门的重要影响因素。正规就业劳动者的平均受教育年限呈现逐步上升趋势，从2000年前后的12年提高到2016年前后的14年，意味着获得正规就业机会的劳动者的受教育水平多为接受过高中教育，与此相反的是，非正规就业的劳动者的平均受教育年限2000—2016年基本没有变化，2005—2010年甚至还略有下降。非正规就业者主要为技能水平偏低、技能单一化的“4050”人员和刚进入劳动力市场、工作经验不足的年轻劳动者。从全生命周期（分年龄段）来看，劳动力市场的正规化程度与劳动参与率、失业率呈现相似特征。

从就业正规化程度可以观察城市劳动力市场的城乡分割与区域分割特征。对比来看，拥有本地城市户口的劳动者在正规就业选择上存在明显的优势，正规就业比重远高于外地城市户口和外地农村户口群体，更好的社会保障和签订稳定劳动合同的工作主要由城市本地人口获得。在流动人口中，城城流动人口的正规就业比重明显高于农民工，这主要归因于两个群体之间的人力资本水平差距。一个值得关注的变化趋势是，城城流动人口的正规就业比重已经与城市本地户口劳动者趋近，这意味着随着劳动力市场化和户籍制度改革的推进，户籍排斥不再显著影响获得正规就业的机会，正规就业在户籍上表现为城市户口和农村户口的分化，这种差距从深层次来说是人力资本水平差异造成的区别。

非正规就业的就业质量明显更低，非正规就业意味着缺乏劳动合同、社会保险等，从工资收入水平来看也处于弱势，正规就业的小时工资增长速度明显快于非正规就业。国有集体控股企业、党政机关及事业单位、外资企业创造的就业岗位绝大多数都是正规就业，非正规就业广泛分布在私营经济和个体经济中，未来就业正规化的过程主要取决于私营经济和个体经济的规范化发展，同时也要面对新经济新业态（如平台经济）等新挑战，对非正规就业的内涵和评价需要重新审视，劳动力市场制度也需要相应地调整。

4. 就业的城乡一体化：从农业部门转向非农部门

流动人口是城镇劳动力市场的重要组成部分，尤其是大量农民工为中国经济起飞提供了关键的劳动供给保障。劳动力从农业农村部门转移到城镇非农部门是中国劳动力市场发展的重要特征，从城乡二元结构走向城乡一体化也是劳动力市场成熟的重要标志。21世纪以来的20年，城乡劳动力结构发生了快速变化，城市劳动力市场供求关系也随着经济发展阶段的变化而深刻调整。

城市本地户口劳动者、城城流动劳动力与农民工群体之间的相对关系变化见证了劳动力市场的快速转变。第一，城城流动劳动力的工资水平相对最高，且与城市本地户口劳动力的工资差距逐渐扩大。本研究估算表明，2001 年城城流动劳动力工资水平与城市本地户口劳动力的工资差距为 1.25，到 2005 年工资差距有所缩小，到 2010 年和 2016 年，工资差距再次扩大到 1.45 和 1.38。第二，城市本地户口劳动力与农民工的工资差距呈现出先扩大再缩小、之后再次扩大的变化趋势。城市本地户口劳动力与农民工的工资差距从 2001 年的 1.30 扩大到 2005 年的 1.72，之后下降到 2010 年的 1.19，到 2016 年这一差距再次扩大到 1.44（见图1－5）。第三，城城流动劳动力具有较高的人力资本水平，其与农民工的工资差距呈现逐步扩大趋势。2001 年城城流动劳动力与农民工的工资差距为 1.62，2005 年扩大到 1.91，2010 年虽有所回落，但仍高达 1.72，到 2016 年工资差距再次扩大到 1.98（见图 1－5）。

劳动力市场供求关系与技能需求结构都出现了快速变化，工资差距变化正是这一结构性转变的直观反映。20 世纪、21 世纪之交，“民工潮”风起云涌，大量农村剩余劳动力向城镇转移就业，农民工的工资水平偏低，随着经济的快速发展，普通劳动者需求持续扩大，“民工荒”现象显现，劳动力供求关系发生变化，技能劳动者与普通劳动者都面临短缺，农民工工资水平大幅上升，2010 年前后出现了工资差距收敛现

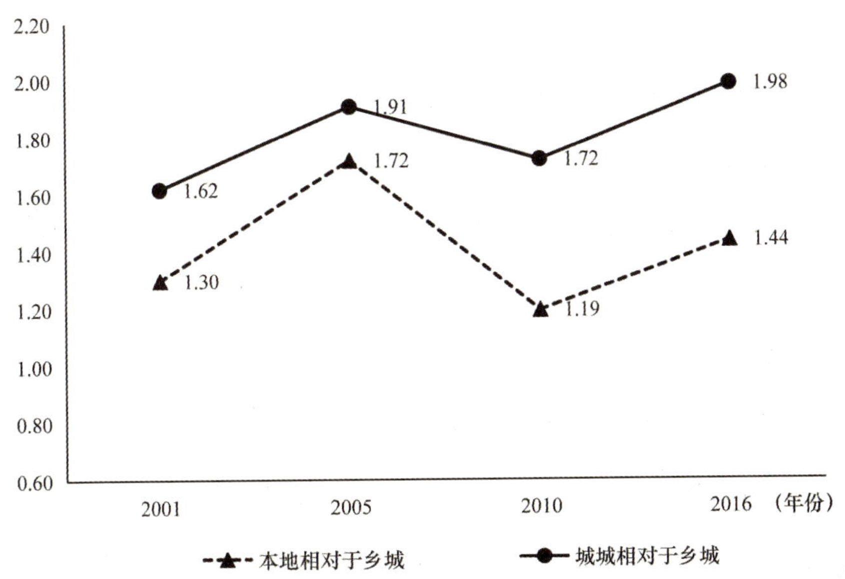

图 1－5　城市本地劳动者、城城流动劳动者与乡城流动劳动者的工资差距变化

数据来源：中国社会科学院人口与劳动经济研究所中国城市劳动力调查。

象。然而，这一趋势并未延续，劳动力市场供给形势发生变化的同时，经济结构转型升级驱动的就业需求结构也加快转变，劳动力市场偏向于具有较高人力资本的技能劳动者，普通劳动者面临新技术（如机器人和人工智能）的替代，工资差距再次出现扩大。可以说，2010 年前后农民工与城镇本地劳动者工资水平差距缩小的主要驱动力来自“供给侧”，那么，2016 年二者收入差距再次扩大的主要驱动力来自“需求侧”。当然，我们也看到一个积极的变化，农民工的人力资本水平逐步提升，接受过高等教育的比重也在提高，对于农民工的传统认识也需要改变。

5. 外部风险冲击：劳动力市场的灵活性与安全性

21 世纪以来，中国经济连续保持两位数的高速增长，劳动力市场需求强劲。突如其来的 2008 年国际金融危机，首次考验了中国城市劳动力市场抵御系统性外部风险的能力。国际金融危机对沿海地区出口导向型部门尤其是制造业影响较大，这些部门大多是市场化部门，集中了大量民营企业和流动就业人员。不同群体遭受冲击程度及其应对方式存在差异，背后反映了劳动力市场灵活性与安全性之间的协调性矛盾。

流动人口首当其冲地遭受系统性外部风险冲击。2010 年第三轮 CULS 调查显示，在国际金融危机最为严重的时间段，即 2008 年 9 月到 2009 年 3 月，城城流动就业人员的小时工资水平出现停滞，其中制造业从业人员的小时工资大幅下降 17%，可见市场化部门的制造业遭受国际金融危机冲击尤为严重（见图 1－6）。农民工的小时工资仍然保持小幅增长，但增速明显低于城市本地劳动者，尤其制造业从业人员的小时工资增幅仅为4.3%。但是，这并非意味着制造业农民工面临的形势比城城流动人口更好，实际上差异在于应对冲击的方式不同，农民工更倾向于面对外部不确定性风险时选择返乡，本质上可以理解为短期失业，也就意味着没有非农收入，农业农村发挥了“就业蓄水池”功能，2008 年国际金融危机期间约 2000 万农民工临时返乡，危机退潮之后又逐渐回到城市。

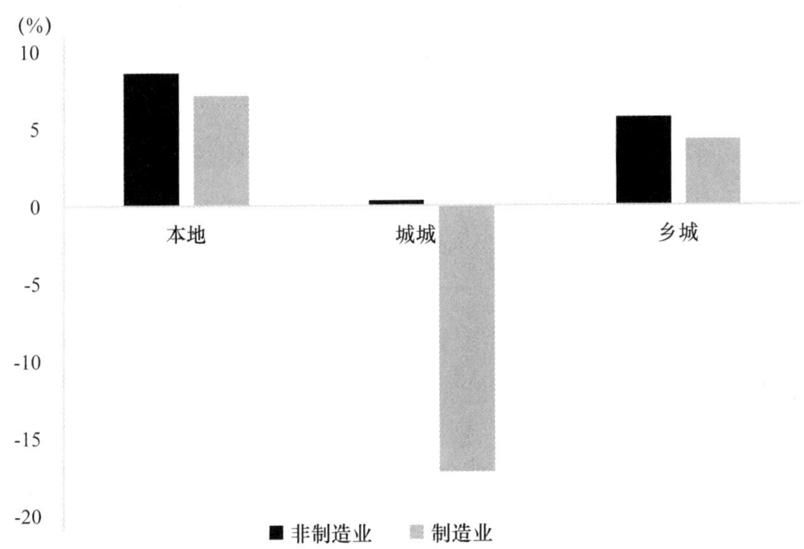

图 1－6　2008 年国际金融危机对劳动力市场工资水平的冲击

注：2010 年第三轮 CULS 调查专门设计了金融危机冲击模块，调查了被访者 2008 年 9 月和 2009 年 3 月的就业状况，通过对比两个时间小时工资水平变化可以观察国际金融危机对中国城市劳动力市场冲击。

数据来源：中国社会科学院人口与劳动经济研究所中国城市劳动力调查。

城市本地劳动者在面临外部风险冲击时得到了较好的就业保护。调查显示，国际金融危机最为严重的时间段，城市本地劳动者的工资水平仍然保持了稳定增长，失业率没有大幅提高，工作时长保持稳定。一定意义上，这反映出城市劳动力市场的安全性，但覆盖群体并不均衡。相反地，流动人口尤其是农民工群体高度集中在市场化部门，对于外部风险冲击反应非常灵敏，某种程度上是中国劳动力市场灵活性的表现，但同时也意味着特定劳动者群体的脆弱性。如何权衡劳动力市场的灵活性与安全性？国际金融危机冲击提出了这一关键问题，也给了我们启示。

6. 人力资本回报：劳动力市场结构转变

衡量教育在劳动力市场中重要性的一个关键指标是教育回报率。教育回报率反映了劳动力市场对不同教育水平劳动力的相对需求，其中需求受到经济发展水平、产业结构和技术进步等因素的影响，供给则受到劳动力市场中不同教育水平劳动力供给数量的影响。

21 世纪以来，城市劳动力市场的劳动力素质持续提升，2016 年平均受教育年限较 2001 年增长近 2 年，最近两次全国人口普查数据显示，15 岁及以上人口的平均受教育年限从 2010 年的 9.08 年提高至 2020 年的 9.91 年，10 年间也仅增长了约 0.8 年。对比来看，劳动力市场上的年轻劳动力受教育水平增长很快，得益于教育事业发展和高等教育扩张。但是，城乡差距仍然明显，农村户口劳动力较城市户口劳动力的平均受教育年限低了约 3 年，这成为劳动力市场分化的关键因素。

教育回报率在 2001—2010 年趋于上升，2016 年略有下降。模型估算显示，每接受一年教育的回报率在

2001 年为 7.75%，之后逐步上升，2010 年上升到 9.78%，到 2016 年下降到 9.39%（见图 1－7）。这一估算结果与领域内相关研究基本一致。改革开放以来，劳动力市场逐步形成，技能溢价不断上升，教育回报率从 1990 年前后的 2.5%—4% 上升到 2000 年前后的 8%—10%，但 2010 年之后教育回报率变化趋于稳定并有所下降。教育回报率提高表明劳动力市场中对技能的相对需求在提高，即使经历了教育扩招的供给冲击，但由于对技能的相对需求增长更快，接受更多教

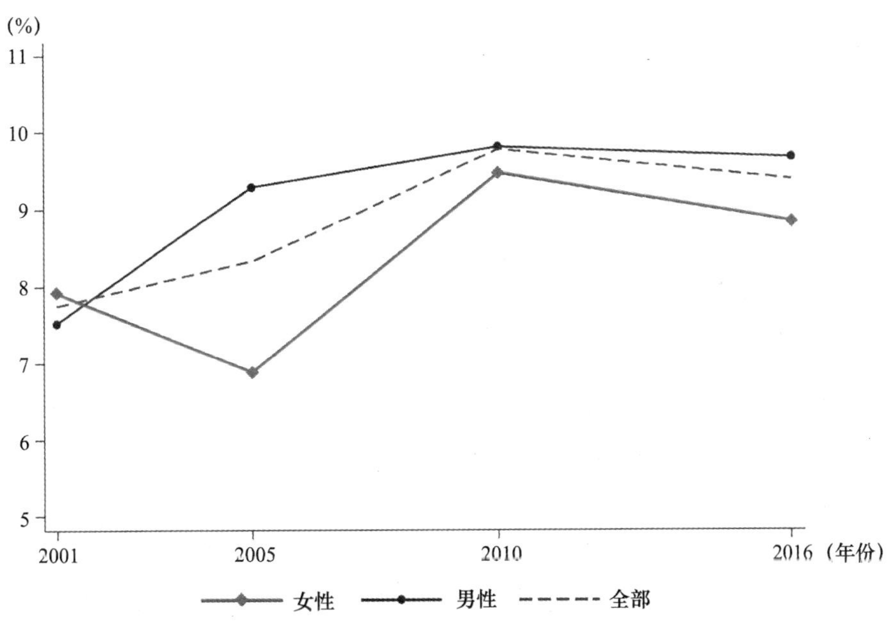

图 1－7 受教育年限回报率的变化

注：基于 Mincer 回归方程估计受教育年限的回报率，其中因变量为小时工资对数，自变量为受教育年限、性别、经验及经验平方、户籍类型以及城市虚拟变量。

数据来源：中国社会科学院人口与劳动经济研究所中国城市劳动力调查。

育在劳动力市场中的回报仍然是十分可观的。2016 年之后的下降可能与经济增长相对乏力、经济结构转型调整以及技能需求结构变化有关。这仍然是一个值得深入探究的问题。

女性的教育回报率变动更为剧烈。男性的教育回报率在2010 年之前上升，2010 年后相对稳定，而女性的教育回报率在2005 年和2016 年出现两次明显波动。虽然女性的受教育年限在提高，但是女性的教育回报率低于男性，反映出经济增长放缓、结构调整以及劳动力市场变化对于女性的冲击更大，女性的人力资本折损和效率损失更高。

年轻群体的受教育年限回报率在2016 年出现较大幅度下降。1980 年前出生人群受教育年限回报率逐年上升，1980 年后出生人群的受教育年限回报率低于1980 年前出生群体，且在2016 年呈现明显下降。年轻群体教育回报率的下降可能与供给侧和需求侧因素均有关。供给侧主要是由于教育扩招导致年轻劳动力受教育水平提高，尤其是大学教育的扩招导致大学生规模增加；需求侧因素主要与近年来经济发展放缓、经济结构调整有关，经济下行对年轻群体的冲击更大，经济增长减速可能导致新增高质量就业机会减少，适合新进入劳动力市场的高技能劳动力的就业岗位减少。

城市本地户口劳动力的受教育年限回报率最高，

且呈现稳定提高态势，而外地城市户口和农村户口的劳动力教育回报率明显偏低，这反映出城市劳动力市场中仍然存在一些制度性障碍，显性和隐性的就业保护一定程度上阻碍了外地劳动力进入高质量、高收入水平的就业岗位。外地农村户口劳动力的教育回报率持续提高，也意味着农民工群体内部开始加速分化。破解劳动力市场结构性矛盾的根本仍然是人力资本积累。

职业教育正在面临劳动力市场筛选的重大挑战。研究估算显示，各教育阶段回报在2010年前总体呈上升趋势，但2016年出现下降，尤其是女性下降幅度更大，而最突出的特征是中职和高中的教育回报率差距明显缩小（见图1－8）。劳动力市场是检验教育水平有效性的重要场景。相对于初中及以下学历，高中、中专/职高、大专、本科学历的教育回报率依次提升。相对于高中，中职的教育回报率下降幅度较大，导致中职与高中的教育回报率差距缩小，到2016年已经趋近，中等职业教育相对于高中通识教育的优势几乎丧失。中职教育回报率变化呈现明显的代际差异，1970年前出生群体的中职教育回报率逐渐提高且始终高于高中的，而20世纪70年代出生群体的中职教育回报率趋于稳定并接近高中的，而80年代出生群体的中职教育回报率逐渐下降且完全趋同于高中的，不同代际的中职教育以及中职学生生源的相对质量发生根本性变化，也是当前“普职分流”矛盾日趋尖锐的根源。

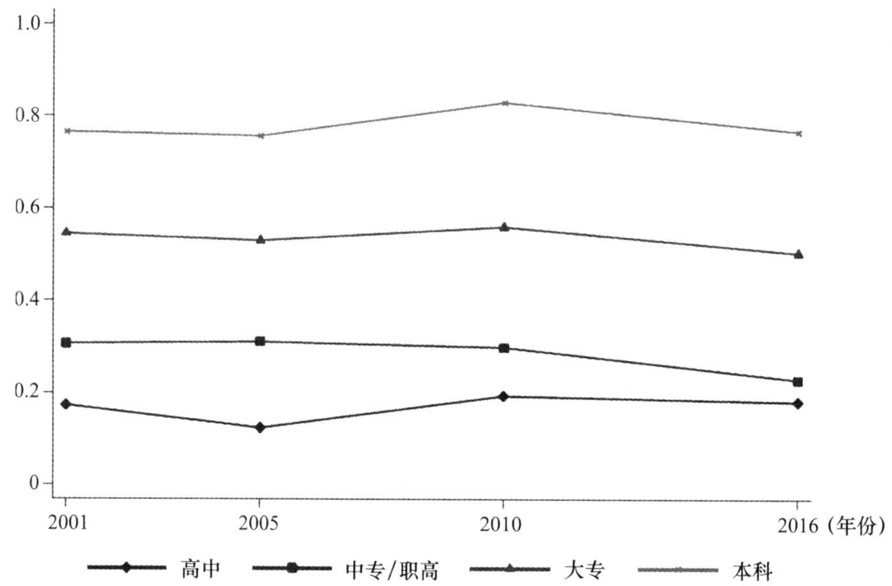

图 1－8　不同教育阶段相对于初中及以下教育的回报

注：基于 Mincer 回归方程估计受教育年限的回报率，其中因变量为不同教育阶段的虚拟变量，基准组设为初中及以下劳动力，自变量为受教育年限、性别、经验及经验平方、户籍类型以及城市虚拟变量。

数据来源：中国社会科学院人口与劳动经济研究所中国城市劳动力调查。

城市之间教育回报率差异也是城市劳动力市场和经济结构转变的重要反映。沈阳、福州教育回报率大幅下降，武汉、西安在 2010 年之前呈现上升趋势，但 2016 年出现下降，相反地，上海在 2016 年仍然保持上升态势，广州则保持稳定。教育回报率下降一定程度上反映了城市经济发展和劳动力市场对于高技能人才需求不足，也是人才外流和产业转型升级滞后的因素，上海作为国际大都市则表现出较强的活力和竞争力，东北地区代表性城市沈阳则深陷困境。城市的竞争归根到底是人才的竞争，教育回报率稳步提升是吸引人才的内在动力。

7. 工作转换：劳动力市场效率改进

工作转换是实现个人职业升级和劳动力市场效率提升的重要途径。但是，理论上并不存在一个统一标准的合意“工作转换”程度，完全僵化的劳动力市场不存在工作转换，而面临动荡冲击的劳动力市场会存在频繁无序的工作转换，一个运行良好的劳动力市场会存在一定程度的工作转换，并且这样的工作转换可以带来劳动力和工作岗位的更好匹配。

伴随着劳动力市场的从无到有，工作转换特征也在发生变化。2001 年前后，工作转换的发生频率很少，仅有不到 16% 的劳动力存在工作转换，到 2005 年工作转换的发生频率明显提高，有一半以上的劳动力进行过工作转换，但随后又开始回落，工作转换趋于稳定，反映出劳动力市场建立之初经历了短暂冲击，之后运行逐渐稳定（见图 1－9）。

工作转换频次存在明显的群体差异，背后反映出

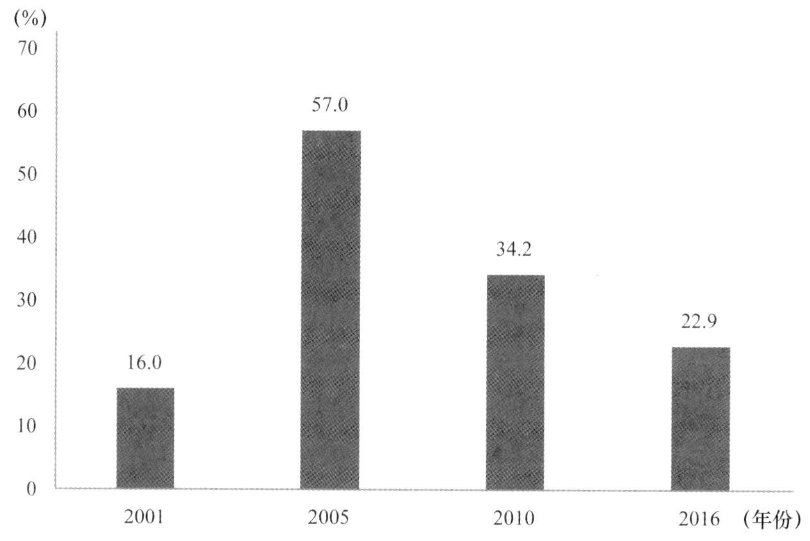

图 1－9　城市居民工作转换发生频次变化

注：城市居民指 16—60 岁劳动年龄人口，转换频次指发生过一次及以上工作转换劳动者比重。

数据来源：中国社会科学院人口与劳动经济研究所中国城市劳动力调查。

劳动力市场分割与发育程度。工作转换的性别差异较大，男性的工作转换频次明显高于女性，结合女性参与率较低、失业率较低的表现，大致可以勾勒出女性在劳动力市场的表现趋稳但僵化显现的典型特征。城市本地户口劳动者的工作转换频次明显低于流动人口，当劳动力市场遭受外部冲击，所有群体都会受到冲击，但首先恢复的是城市本地户口劳动力，流动人口尤其是农民工群体恢复和重构相对滞后。

工作转换周期总体上趋于拉长，主要原因可能不在于工作机会更少，而取决于劳动者更多样化的就业需求。平均工作转换周期从2001年的0.6年延长到2016年的1.7年，一方面工作转换发生频次下降，而另一方面工作转换的周期变长，反映出工作转换的决策更为谨慎，体现了劳动者对高质量就业的更高追求，即从“有工作”升级至“有好工作”，相应的匹配需求难度加大，转换周期更长。当然，对于女性来说，就业转换周期拉长还存在客观因素制约，生育和家庭照料迫使女性在中年阶段就业转换周期延长。此外，对于高中学历劳动者的工作转换周期拉长，在一定程度上也呼应了劳动力市场分化，即较高学历和较低学历对应的劳动力市场更为灵活，工作转换周期更短，而中等学历劳动者的就业匹配难度更大。

（三）启示

中国劳动力市场发展具有市场经济国家的一般规律与特征，同时也表现出独特性。一是体制转轨的特征，劳动力市场建立之初就肩负着分担国企改制包袱的重任，从公共部门和国企转移出来的劳动者早期更多进入非正规就业部门，尽管劳动力市场逐步完善，但改革尚未彻底完成，劳动力市场中依然遗留一些尚待解决的转轨痕迹。

二是城乡二元结构的特征，大量农村转移劳动力成为城镇劳动力市场和经济增长的重要支撑，曾经游历在正规劳动力市场之外，“一个城市、两个市场”的分割状态逐渐破除，但城乡一体化的劳动力市场建设尚未完成，社会保险制度的衔接、就业歧视与地方保护、公共服务可及性等问题有待解决。

三是结构的快速转变特征，中国用几十年的时间走完了工业化国家上百年的历程，速度之快不仅体现在经济增长方面，在结构性转变中也尽显无遗，从“民工潮”到“民工荒”、从劳动力无限供给到相对短缺、从工资差距扩大到收敛进而到再次扩大，在短短数十年间就完成，劳动力市场供求结构转变之快世界少有，留给我们应对挑战的窗口期也很短。

四是市场与家庭紧密关联的特征，市场经济为家庭成员进入劳动力市场提供机会，较之于传统农业社会的家庭分工更加多元化，但传统的家庭观念和内部分工并未彻底转变，中国的女性解放和教育发展推动了她们积极进入劳动力市场并实现社会价值，但同时也带来了新的挑战，女性劳动参与率下降与人力资本闲置既是个人和家庭的损失，也是劳动力市场和经济效率的损失。

中国经济已经进入新发展阶段，高质量发展成为时代主线，劳动力市场发展也将定位于更加充分更高质量就业目标。面对人口负增长阶段的劳动力供给形势，新技术变革驱动下的经济结构快速转变，以及更加复杂多变的国内外环境，风险与挑战更大，可借鉴的经验更少，劳动力市场改革与发展任重道远。

面向全面建设社会主义现代化国家的新任务，当前及未来一个时期中国劳动力市场发展面临一些有待解决的重要议题。例如，如何建立全生命周期的人力资本体系，以适应经济结构的快速转变？如何构建友好的生育、养育、教育等家庭支持体系，以扭转持续下降的劳动参与率？如何重构社会保险体系和劳资关系，以应对新技术革命带来的经济与就业业态迅猛变化？如何协调劳动力市场的公平与效率、经济社会福祉与人生价值之间的关系，以顺应劳动者对美好生活向往的新期待？

二　充分的就业：劳动力市场发育

中国劳动力市场制度在21世纪的发展过程可以视作一个新的发展阶段。[①] 本章尝试以劳动参与率、失业率来观察进入21世纪以来中国劳动力市场的发育状况。一般来说，较高的劳动参与率、较低的失业率，适当的工作转换及转换周期是劳动力市场运行良好，具有效率的体现。观察2001—2016年劳动力市场上主要运行指标的表现发现：总体上中国劳动力市场从无到有，在2001年、2005年、2010年、2016年对应的特征分别是"固态僵化""冲击无序""建立重整""逐渐完善"；总体来说，经济运行的活力与劳动力市场有效表现密切相关，当前劳动力市场的表现较有效率，青年失业问题突出、女性劳动参与率的下降和人力资本两极化表现成为当前劳动力市场上的主要问题。

① 都阳：《论劳动力市场改革的两个目标》，《中共中央党校学报》2016年第5期。

（一）劳动参与率

劳动参与率是反映就业状况的一个重要指标。[①] 图2－1给出了16—60岁人群的劳动参与率情况。可以看到，相比于2001年，劳动参与率在2005年大幅下降，在4个时点上处于最低水平，随后在2010年、2016年略微回升。中国的劳动力市场经历了从无到有，从计划经济体制下以“包分配”为主的就业配置形式经过国有企业改革直到逐步发展形成完善的劳动力市场，劳动参

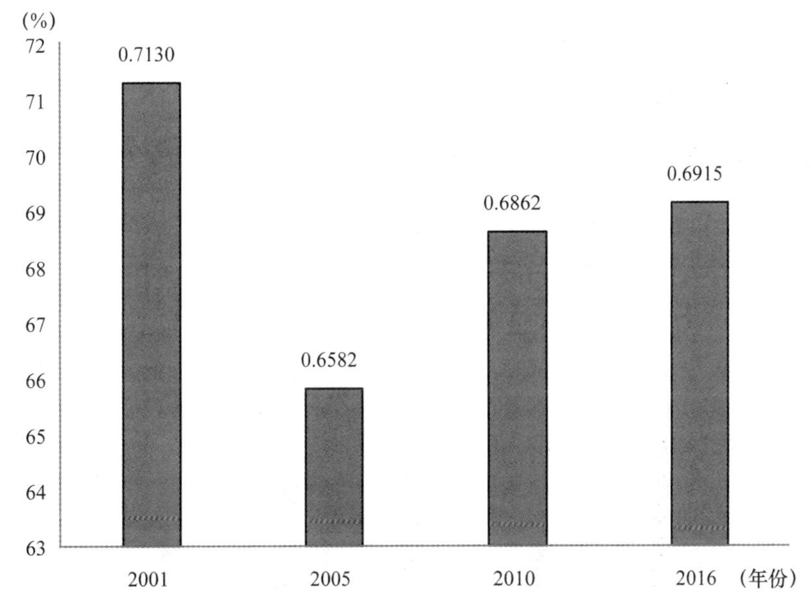

图2－1　劳动参与率变化（16—60岁）

数据来源：中国社会科学院人口与劳动经济研究所中国城市劳动力调查。

① 蔡昉、王美艳：《中国城镇劳动参与率的变化及其政策含义》，《中国社会科学》2004年第4期。

与率的相应情况也体现了这样的过程。2001 年，也就是国有企业大范围改革之前的时点，劳动参与率总体较高，达到 71.30%；2005 年国有企业改革后一段时间后，劳动参与率相对较低（65.82%），部分未能适应劳动力市场变革的群体退出劳动力市场；随后在 2010—2016 年劳动力市场逐步建立完善，效率提升，劳动参与率也开始分别回升至 68.62% 和 69.15%。

上述劳动力市场冲击及其后续的劳动力市场逐步发展完善的过程同时也具体体现在各个城市劳动参与率上。分城市看（见图 2－2），相比于 2001 年，各城市在 2005 年劳动参与率均有所下降，武汉、沈阳、西安在 2005 年受冲击较大，在 2010 年劳动参与率有所恢复之后，2016 年武汉、沈阳和西安三个城市劳动参与率再次

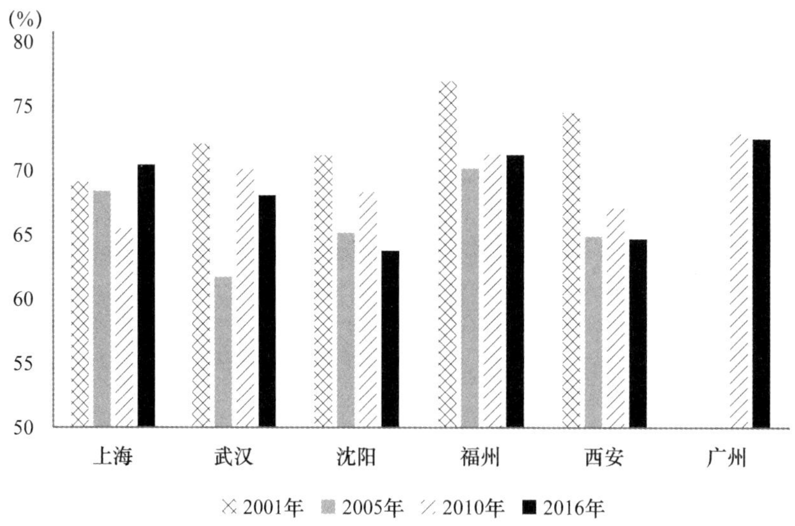

图 2－2　2001—2016 年分城市劳动参与率（16—60 岁）

数据来源：中国社会科学院人口与劳动经济研究所中国城市劳动力调查。

下降；当前广州劳动参与率最高，上海、福州其次，沈阳的劳动参与率最低，约为63%。

表2－1再次给出了各个群体分组的劳动参与率的具体情况。可以看到，总体而言，分性别看，男性劳动参与率高于女性；[①] 分户籍看，本地劳动力、城城转移劳动力和乡城转移劳动力的劳动参与率有差异，二者的差异也有动态的变化并发生过逆转，2010年本地劳动力的劳动参与率更高，而2016年本地劳动力的劳动参与率更低；受教育程度不同的群体大致呈现教育程度越高，劳动参与率越高的态势；从城市间看，当前东部地区（上海、福州、广州）的劳动参与率较高，沈阳和西安的劳动参与率较低。

表2－1　　劳动参与率的分群体情况（16—60岁）

	2001年	2005年	2010年	2016年
全部	0.7130	0.6582	0.6862	0.6915
女	0.6046	0.5666	0.5781	0.5658
男	0.8266	0.7524	0.8017	0.8219
本地	0.7149	0.6583	0.6523	0.6459
城城	0.5814	0.6478	0.8292	0.7847
乡城	0.6315	0.6516	0.8136	0.7649
小学及以下	0.4012	0.3964	0.5535	0.5742
初中	0.6137	0.6033	0.6196	0.6222

① 都阳、贾朋：《劳动供给与经济增长》，《劳动经济研究》2018年第3期。

续表

	2001 年	2005 年	2010 年	2016 年
高中	0. 7589	0. 6845	0. 6627	0. 5805
大专	0. 8898	0. 6307	0. 7462	0. 8091
本科及以上	0. 9033	0. 8073	0. 8792	0. 8490
16—20 岁	0. 7477	0. 1226	0. 1566	0. 1310
21—25 岁	0. 8840	0. 6627	0. 6765	0. 7495
26—30 岁	0. 8646	0. 8800	0. 9099	0. 8581
31—35 岁	0. 8747	0. 8516	0. 9128	0. 8654
36—40 岁	0. 8244	0. 8938	0. 8886	0. 8779
41—45 岁	0. 8047	0. 8545	0. 8769	0. 8498
46—50 岁	0. 6991	0. 7427	0. 7906	0. 8018
51—55 岁	0. 5215	0. 5557	0. 4668	0. 4937
56—60 岁	0. 2908	0. 2570	0. 2922	0. 2841
上海	0. 6911	0. 6839	0. 6548	0. 7044
武汉	0. 7206	0. 6172	0. 7011	0. 6807
沈阳	0. 7118	0. 6517	0. 6832	0. 6377
福州	0. 7697	0. 7017	0. 7125	0. 7122
西安	0. 7452	0. 6489	0. 6710	0. 6469
广州	—	—	0. 7285	—

数据来源：中国社会科学院人口与劳动经济研究所中国城市劳动力调查。

观察各个群体在劳动参与率方面的具体特征及相关变化可以看到（见图 2 - 3），劳动参与率在性别间的差异扩大，2001—2016 年女性劳动参与率从 60. 46% 略微下降至 56. 58%，男性变化不大。也就是说，前面看到的总体劳动参与率的下降主要来自女性群体。从分年龄的情况可以看到，在 2001 年男女间的劳动参与率在 40 岁之前差异相对较小，在 40 岁之

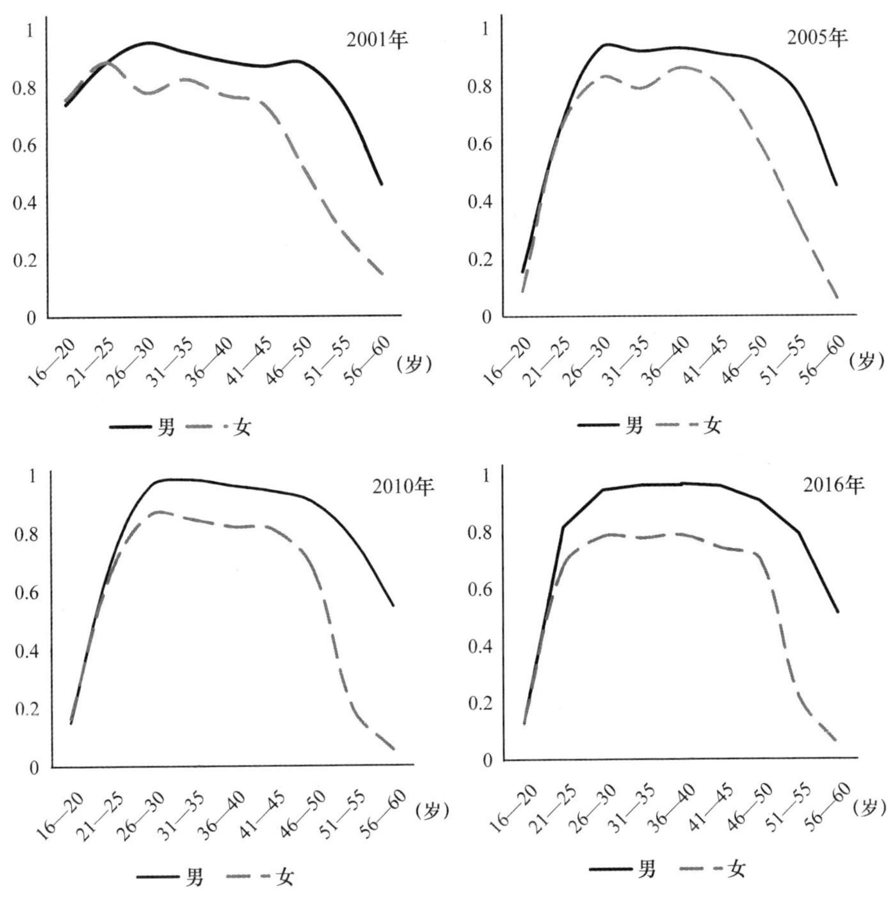

图2－3 分性别（年龄别）劳动参与率（16—60岁）

数据来源：中国社会科学院人口与劳动经济研究所中国城市劳动力调查。

后差距逐步拉开；而在2005—2016年男女间劳动参与率的差异在全年龄段都体现的愈发明显。值得一提的是，本书观察到女性教育回报率较男性下降得更快，这也就意味着女性不工作对应的机会成本相对更小；此外，通常女性肩负了更多的生育、养育的责任，对应越来越高的生育、养育、教育成本，进而女性工作的机会成本提高。[1] 在如上所述的不工作的机会成本变小、工作的机会成本变大这样一推一拉的两种力量下，也就不难理解女性劳动参与率更快下降的现象了。

从图2－3中同时可以观察劳动参与率的分年龄分布。可以看到，2001年年轻群体参与率明显更高，劳动参与率在年龄分布上基本呈现逐渐下降的特征，而后的几个年份逐渐演进为倒“U”形特征，其中年轻群体参与率显著下降。结合本书的分析，在一定程度上这可能由更多的年轻群体接受更长时间的教育进而推迟进入劳动力市场，年轻群体初次进入劳动力市场面临更多的摩擦性失业，以及教育的发展与经济结构转型升级的匹配不足引起的结构性失业等几个方面带来的。

再次区分户籍状况观察劳动参与率的情况可以看到（见图2－4），2001年本地劳动力的劳动参与率高于外来劳动力，而2016年外来劳动力的劳动参与率显著高于本地；在2001—2006年本地劳动参与率下降，外来劳动力劳动参与率提高，2016年有所回落。劳动力市场中更有活力的部分愈发体现在外来劳动力群体方面。外来人口成为劳动力市场的主要构成，同时也成为劳动力市场中最活跃的“元素”，成为推动劳动力市场发育的力量。[2]

---

① 蔡昉：《打破“生育率悖论”》，《经济学动态》2022年第1期。

② 程杰、朱钰凤：《劳动供给弹性估计：理解新时期中国劳动力市场转变》，《世界经济》2021年第8期。

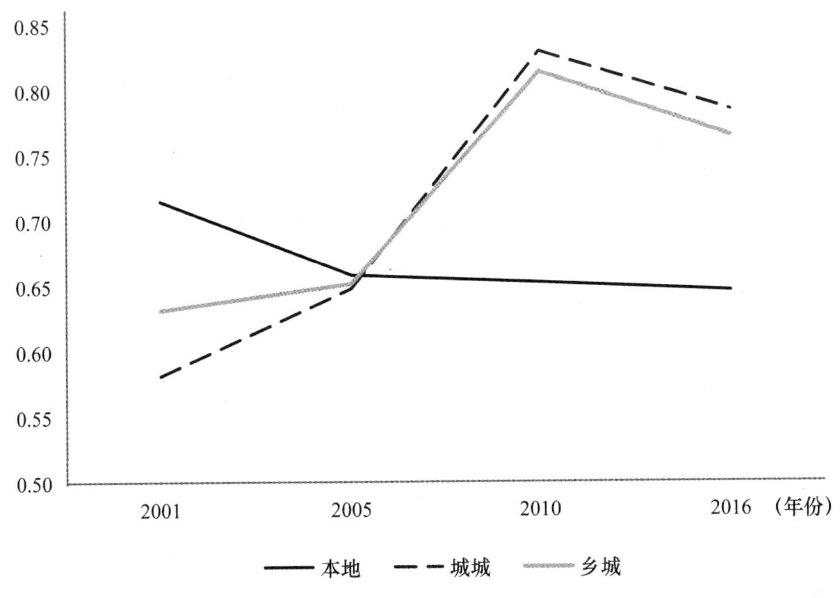

图2－4 分户籍劳动参与率（16—60岁）

数据来源：中国社会科学院人口与劳动经济研究所中国城市劳动力调查。

进一步观察分年龄的情况（见图2－5），在2001年和2005年总体上在各年龄段本地劳动力的劳动参与率均超过外来劳动力；在2001年，只有乡城转移劳动力劳动参与率的年龄分布有一定的倒“U”形特征，本地劳动力劳动参与率随年龄提高下降，城城转移劳动力在较年轻群体上劳动参与率较高，在40—50岁年龄段下降较多，但在50—60岁年龄段又有较高的表现；在2005年，各群体劳动参与率的年龄分布均显示出一定的倒“U”形特征，其中城城转移劳动力分年龄的劳动参与率上的倒“U”形特征最明显，劳动参与率最高的群体出现在31—40岁年龄段，乡城转移劳动力的劳动参与率在年龄分布上有所波动（31—40岁群体劳动参与率略低），本地劳动力劳动参与率年龄分布的倒"U"形特征更平缓；进一步从2010年和2016年的情况上看，本地和外来劳动力在年龄间劳动参与率均有倒"U"形的表现，在此期间，本地和外来劳动力显示出劳动参与率的趋同特征，但外来劳动力较年轻的群体和较年老群体的劳动参与率水平高于本地

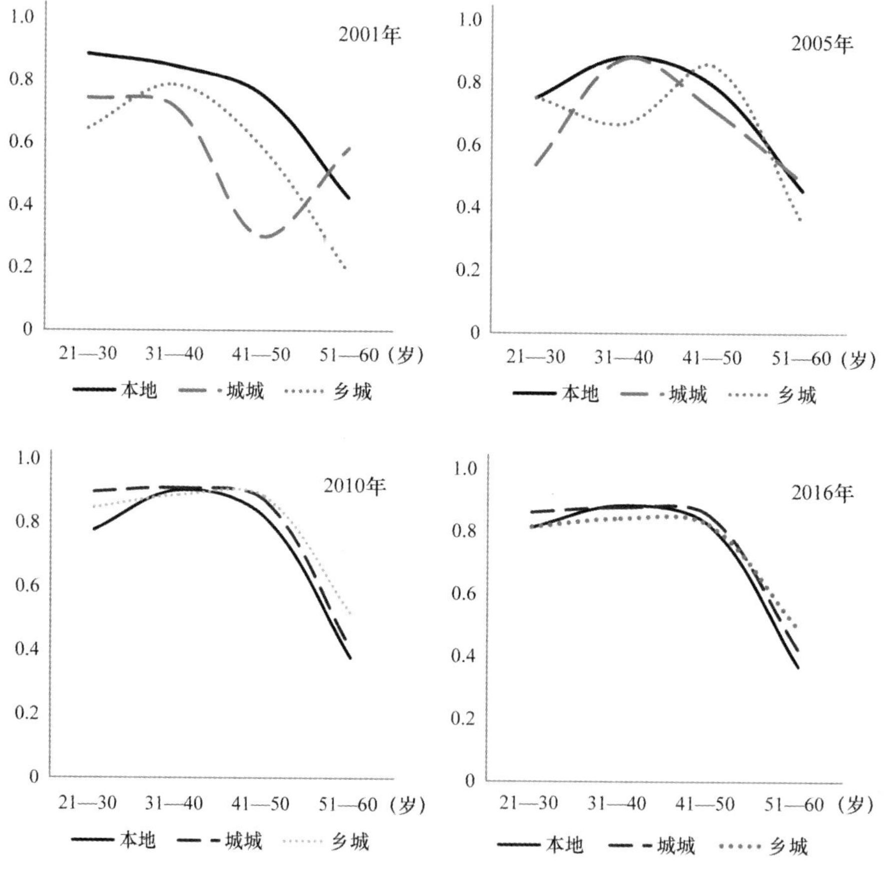

图2-5 分户籍劳动参与率（分年龄组）

数据来源：中国社会科学院人口与劳动经济研究所中国城市劳动力调查。

劳动力，即外来劳动力中较年轻和较年老群体较之本地劳动力的相应群体更加积极参与劳动力市场。其中，年轻阶段的外来劳动力积极参与可能源于其受教育年限低于本地劳动力，进而进入劳动力市场提前；年老阶段的外来劳动力更积极地参与劳动力市场则体现了其劳动参与活力，但在2016年这一差异也有所缩小。从这个趋势上看，中国劳动力市场在城乡、户籍制度方面的分割状况已经有所好转，劳动力市场的趋同有所显现。

可以看到，在2001年，劳动力市场是被户籍制度明确分割的，劳动力市场的改革使得更广泛的群体在城市劳动力市场上充分“碰撞”，进而激发出劳动力市场的活力，经过劳动力市场的不断发育和完善，城市劳动力市场不同户籍群体的表现已经出现趋同，成为劳动力市场得到融合的积极表现。

图2－6给出了2001—2016年分教育组劳动参与率的情况，可以看到小学及以下受教育程度劳动力的劳动参与率呈提高态势，在2001年和2005年约为40%，后提高到2010年和2016年的55%以上；初中受教育程度的劳动力劳动参与率变化不大，稳定在60%左右；受教育程度为大专的群体，在2001年时劳动参与率非常高，达到89%，但于2005年大幅掉落，后开始回升在2016年回升至81%；在所有受教育程度分组中，唯有高中受教育程度组的劳动参与率始终在

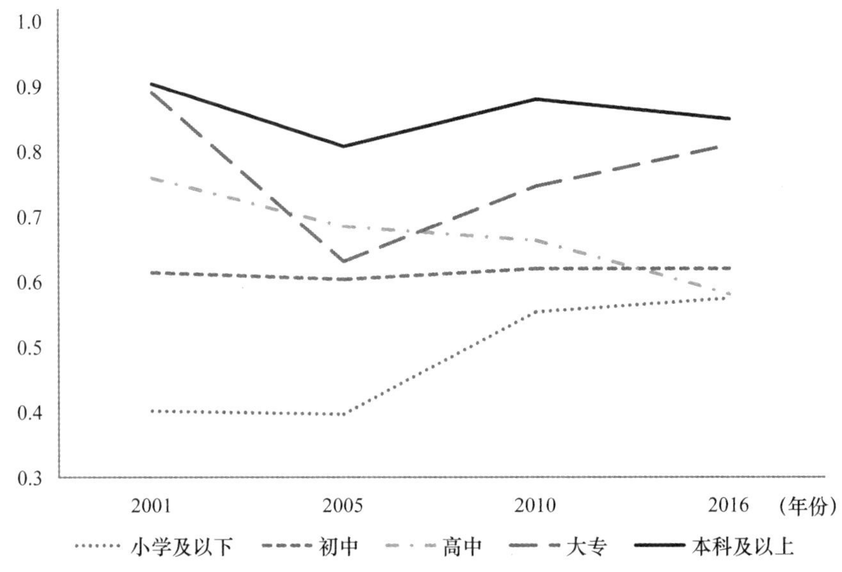

图 2－6　2001—2016 分教育组劳动参与率（16—60 岁）

数据来源：中国社会科学院人口与劳动经济研究所中国城市劳动力调查。

下降；本科受教育组的劳动参与率在 2010 年前变化不大，但近年有所下降。在 2016 年，除高中受教育群体的劳动参与率与小学几乎一样，在各受教育程度群体中最低外，基本呈现受教育程度越高，劳动参与率越高的特征。在受教育程度的分组方面，近年来劳动参与率大致呈现了两极化的趋势，当前大专、本科两组的劳动参与率趋同，小学、初中、高中三组的劳动参与率趋同，其中受教育程度居中的高中受教育程度组劳动参与率的下降最为明显，表现出了一定的“高不成低不就”特征。大专群体成为改革震荡中受到冲击最强烈的群体，曾经的“精英”群体在面临短期难以适应劳动力市场双向选择的机制，参与率的下降体现了其积极参与劳动力市场意愿的“沮丧”，后随着市场化进程的推进，具有较高人力资本的大专群体也逐渐适应相应变化，劳动参与率的反弹也快于其他群体，当前其劳动参与率仅略低于本科群体。

为了全面描述劳动参与率的群体特征以及动态变化特征，这里进一步估算了劳动参与率的影响决定方程（见附表1）。从估算结果得以看出，劳动参与率的性别差异始终存在并逐年提高（男性变量的系数从0.733提高到1.073）；年龄系数有所提高，也即年轻群体的劳动参与率相对下降更多；从户籍上看，在控制住其他因素后，2001年和2005年本地和外来劳动力在劳动参与率上并无显著差异，而2010年和2016年则显示出外来劳动力有更高的劳动参与率；劳动参与率随受教育程度提高而提高的特征始终存在，相对于最低受教育程度的小学及以下群体，各群体的系数都有所下降，其中初中群体劳动参与率与小学及以下群体相比的差异已不再显著；相比于小学及以下群体，高中群体的劳动参与率差异下降了近一半；大专群体和本科群体在2001年的劳动参与率是相似的，后在2005年和2010年拉开差距，但在2016年又显示了趋同的趋势。

（二）失业率

失业率是除劳动参与率外反映劳动力市场运行状况的另一个重要指标，结合劳动参与率的情况和失业情况则可以大致了解劳动市场的活跃程度及运行效率。一般来说，劳动参与率越高、失业率越低说明更多的劳动力参与劳动力市场，并且可以较容易获得就业机会；同时，如果失业率较高，获得就业越困难也会导致更多的劳动力对找工作感到“沮丧”，进而降低劳动参与率。

图 2 – 7 给出了 16—60 岁人群的失业率情况。可以看到，以调查所示的 6 个城市来看，2001—2016 年失业率一路下行，即对于参与到劳动力市场的群体而言，其找到合适工作的比重在提高。结合劳动参与率的情况，劳动参与率在 2005 年下降至最低后开始回升现已逐步恢复，与此同时失业率也在降低。中国的劳动力市场展现了在市场化刚刚建立时经历了短暂冲击，随后逐渐发育完善的态势，当前具有较好的运行效率，劳动参与率提高，失业率下降。[①]

上述的失业率逐年下降趋势在各城市则有不同的

① 蔡昉、都阳、高文书：《就业弹性、自然失业和宏观经济政策——为什么经济增长没有带来显性就业?》，《经济研究》2004 年第 9 期。

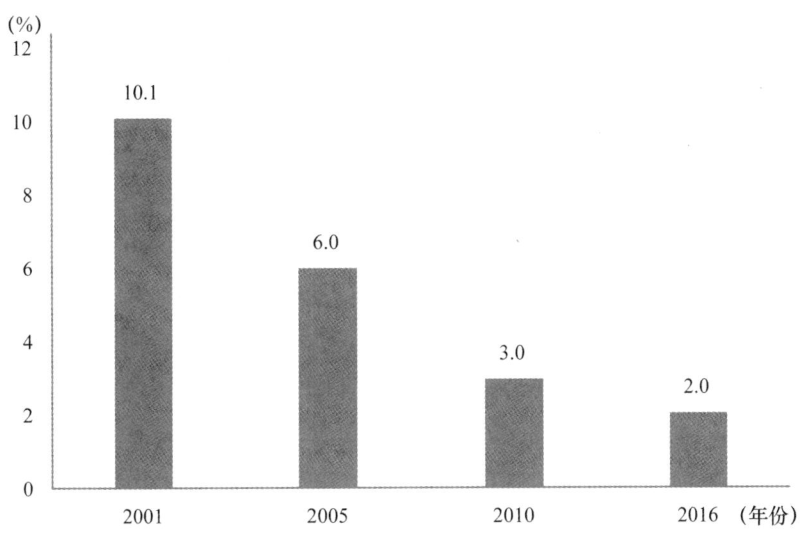

图2-7　失业率（16—60岁）

注：城市失业率不代表全国总体失业状况，大城市失业率通常低于全国总体失业率。

数据来源：中国社会科学院人口与劳动经济研究所中国城市劳动力调查。

表现。分城市看（见图2-8），在失业率总体下行的态势下，沈阳在2010年失业率有所提高，而福州在2016年失业率有所提高。上海、武汉、西安和广州失业率保持了下行的趋势。

表2-2给出了不同个群体的失业率的具体情况。可以看到，伴随更低的劳动参与率，女性的失业率更低，即在面临就业困难时，女性更容易成为“沮丧”的劳动者，进而选择退出劳动力市场，因此女性的就业困难更多体现在其更低的劳动参与率上。分户籍看，本地劳动力的失业率相对较高，2001年和2005年乡城转移劳动力的失业率较高，而2010年后本地劳动力的失业率明显更高（本地劳动力的劳动参与率相对更

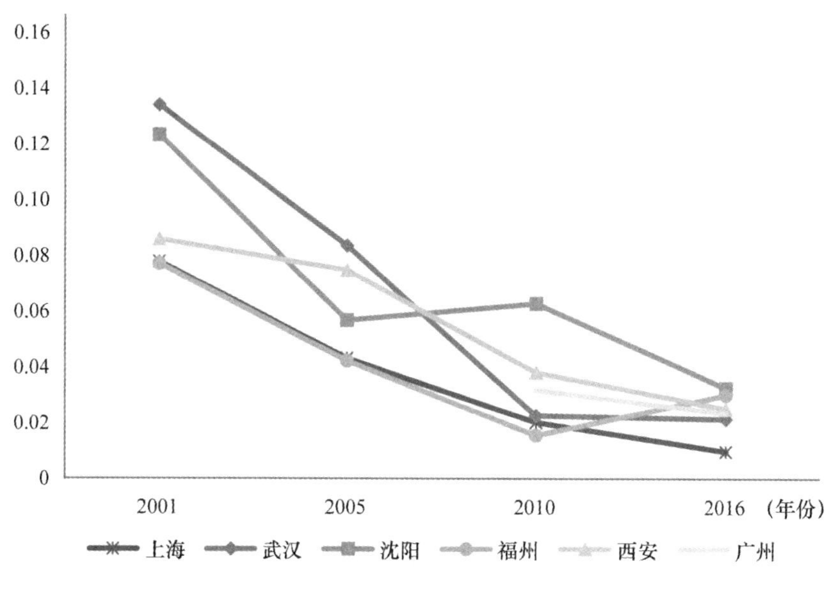

图 2－8　分城市失业率（16—60 岁）

数据来源：中国社会科学院人口与劳动经济研究所中国城市劳动力调查。

低），城城转移劳动力和乡城转移劳动力的失业率较低并有所趋同。分教育程度看，各群体失业率的表现和变化并不一致，这体现了劳动力市场中不同群体的状况有所分化和差异，并非均衡变化。从单维度分组的劳动参与率和失业率上看，外来劳动力和男性劳动力相对于本地劳动力和女性劳动力在劳动力市场上有更加有活跃的表现。

表 2－2　　失业率的分群体情况

	2001 年	2005 年	2010 年	2016 年
全部	0. 1008	0. 0599	0. 0296	0. 0204
女	0. 0992	0. 0537	0. 0242	0. 0152

续表

	2001 年	2005 年	2010 年	2016 年
男	0. 1024	0. 0661	0. 0353	0. 0257
本地	0. 1006	0. 0596	0. 0335	0. 0242
城城	0. 0519	0. 0453	0. 0139	0. 0138
乡城	0. 1118	0. 0765	0. 0149	0. 0138
小学及以下	0. 0866	0. 0445	0. 0112	0. 0164
初中	0. 1261	0. 0868	0. 0331	0. 0190
高中	0. 1112	0. 0619	0. 0279	0. 0188
大专	0. 0446	0. 0281	0. 0329	0. 0240
本科及以上	0. 0145	0. 0226	0. 0273	0. 0232
16—20 岁	0. 3028	0. 0253	0. 0212	0. 0080
21—25 岁	0. 1062	0. 0761	0. 0756	0. 0876
26—30 岁	0. 1265	0. 0744	0. 0394	0. 0228
31—35 岁	0. 0977	0. 0714	0. 0229	0. 0104
36—40 岁	0. 1285	0. 0903	0. 0213	0. 0103
41—45 岁	0. 1243	0. 0844	0. 0188	0. 0109
46—50 岁	0. 0977	0. 0637	0. 0294	0. 0317
51—55 岁	0. 0518	0. 0287	0. 0199	0. 0167
56—60 岁	0. 0187	0. 0217	0. 0189	0. 0086
上海	0. 0778	0. 0432	0. 0201	0. 0097
武汉	0. 1340	0. 0835	0. 0226	0. 0213
沈阳	0. 1233	0. 0568	0. 0627	0. 0324
福州	0. 0770	0. 0422	0. 0154	0. 0300
西安	0. 0858	0. 0747	0. 0381	0. 0250
广州	—	—	0. 0318	0. 0234

数据来源：中国社会科学院人口与劳动经济研究所中国城市劳动力调查。

具体看各个群体在失业率方面的特征及相关变化，可以看到（见图 2 – 9），在 2001 年和 2005 年，31—40 岁年龄段女性的失业率较高，而在40 岁以后，伴随女性劳动参与率的更快速大幅下降，其失业率也大幅下降，进而男性的失业率更高，再次验证了女性更易成为“沮丧”的劳动者这一假说。而在2010年和2016年，几乎在全年龄段女性的失业率均低于男性（除在41—50岁年龄段略高于男性外），而同样地伴随着50岁以后女性较男性更显著低的劳动参与率，女性失业率更是大幅低于男性。

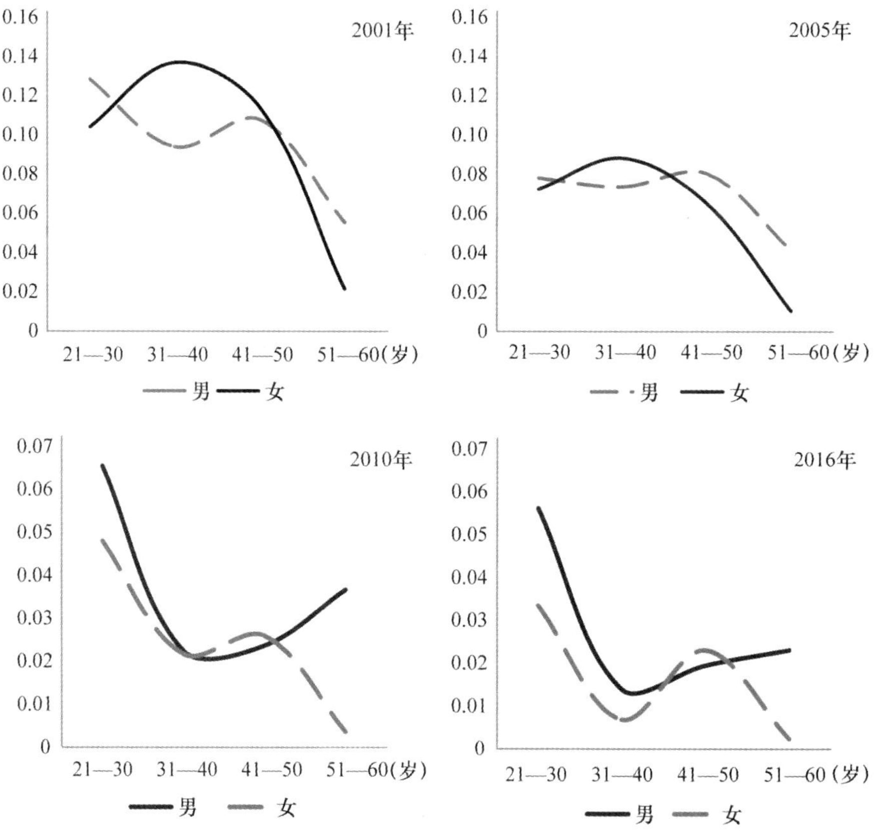

图2－9 分性别失业率的年龄分布

数据来源：中国社会科学院人口与劳动经济研究所中国城市劳动力调查。

从失业率的分年龄分布上看，在2001年呈现了随年龄提高失业率逐渐下降的态势，即初次进入劳动力市场的年轻群体的摩擦性失业较严重，但随着时间推进与劳动力市场逐步磨合后渐进消除，但女性在31—40岁年龄段略高，男性的失业率存在21—30岁和41—50岁的双峰，总体而言年轻群体和41—50岁年龄段构成失业的重点群体；2005年也大致保持了这一特征，但失业率明显更低；而在2010年和2016年，41—50岁年龄段的失业逐渐回退，青年群体失业日渐突出，当前已经转变为青年失业的突出单一群体特征。分性别看失业率的年龄分布，失业率仍然存在一定的双峰特征，除了青年阶段外，女性的失业率高峰出现在临近41—50岁，男性的失业率高峰在51—60岁，均为接近退休年龄期间。

再次区分户籍状况观察失业率的情况可以看到（见图2-10），城城转移劳动力始终是失业率最低的群体；从动态上看，2001—2016年失业率下降最多的是乡城转移劳动力；外来劳动力对应较低的失业率和较高的劳动参与率，以及下降的失业率和提高的劳动参与率；总体上看劳动力市场上效率的更优表现（失业率低、下降明显）主要体现在外来劳动力群体上。

从失业率的分年龄分布上看（见图2-11），2001年本地劳动力在临近退休年龄50岁前后失业率下降，

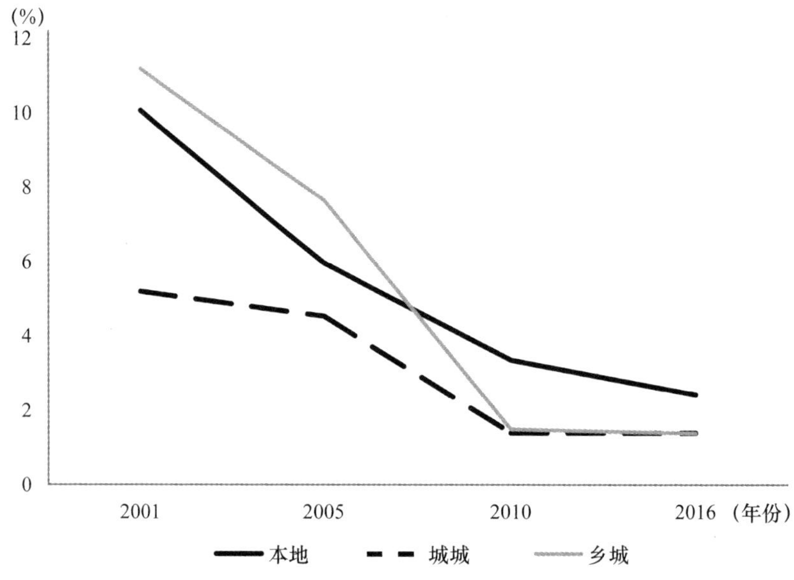

图2-10　分户籍失业率（16—60岁）

数据来源：中国社会科学院人口与劳动经济研究所中国城市劳动力调查。

相应的劳动参与率也下降；2005年，本地劳动力在50岁以后失业率下降更快，失业率更低；而在2010年和2016年，本地劳动力的失业率均高于外来劳动力（但劳动参与率更低），再次验证了外来劳动力在劳动力市场上更具活力这一现象，但本地和外来劳动力相关差异有所减少，有趋同的表现。

分受教育程度的测算表明（见图2-12），小学组劳动参与率提高，失业率大幅下降；初中组劳动参与率稳定，失业率大幅下降；高中组劳动参与率下降，失业率下降；大专组劳动参与率大幅下降后回弹，失业率下降缓慢；本科组劳动参与率最高，稳定略有波

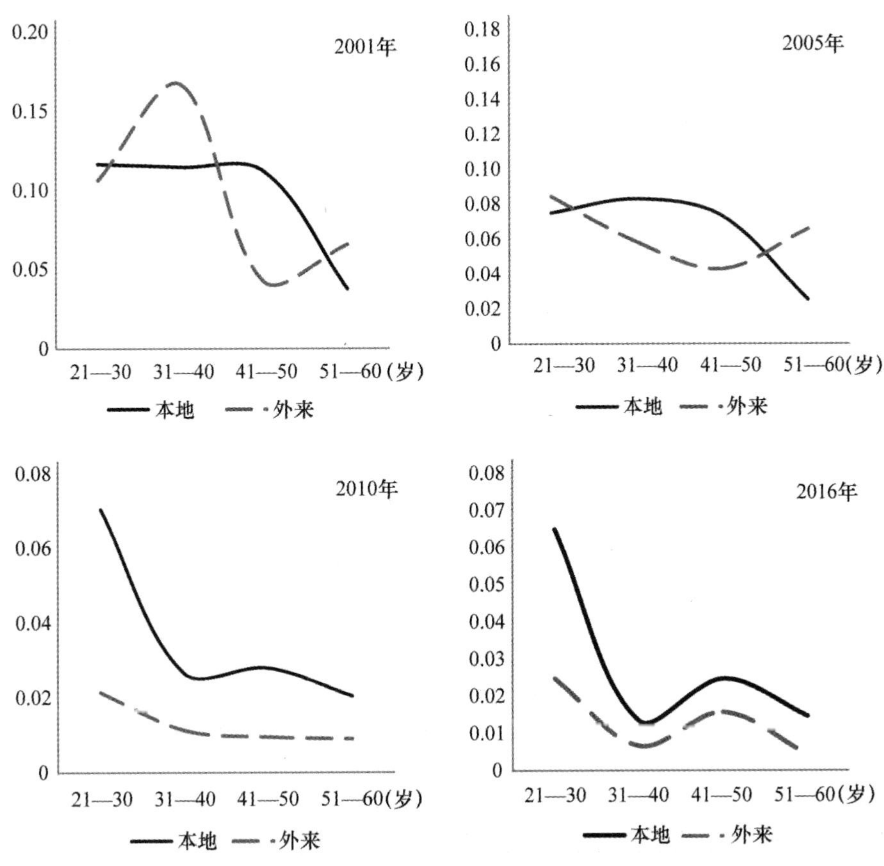

图 2－11　分户籍各年龄组失业率（16—60 岁）

数据来源：中国社会科学院人口与劳动经济研究所中国城市劳动力调查。

动，失业率提高近年略有下降。

因此，小学和初中受教育群体的劳动力市场表现趋好，本科和大专有限趋好，高中受教育群体的表现复杂（虽失业率下降，但劳动参与率也下降）。劳动力市场呈现了一定的两极化趋势，其中对非技能劳动力更明确的需求和不再无限的供给带来了其在劳动力市场上较好的状况。而高中组正受制于技能变迁、产

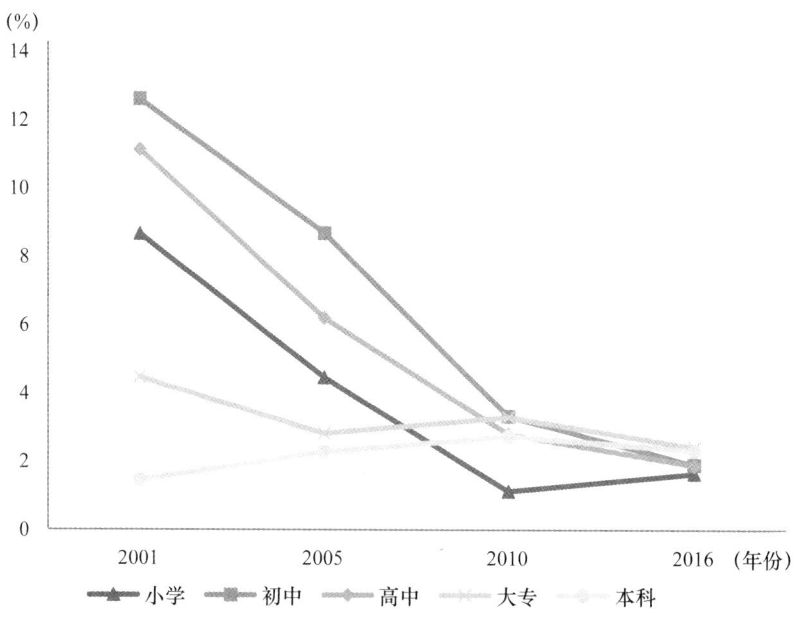

图 2－12 分受教育程度失业率（16—60 岁）

数据来源：中国社会科学院人口与劳动经济研究所中国城市劳动力调查。

业结构调整成为更容易被替代的人力资本居中的群体，进而成为唯一劳动参与率下降、退出劳动力市场较多的群组。较高学历组总体表现良好，但状况更为复杂，例如本科组虽然劳动参与率始终最高，但是唯一失业率未明显下降的一个群体，甚至其失业率在近年来有所提高，在一定程度上反映了本科毕业生与经济发展需求之间的结构性矛盾问题。而大专组的情况则更为特别，其在 2001 年有着非常好的表现（劳动参与率高、失业率低），而到 2005 年劳动参与率有非常大幅度的下降，从接近 90% 下降到 60% 多，大专阶段教育在供给方（教育质量）和需求方（生源方）双重的变化作用下显示出了突出的变化。

为了全面描述失业率的群体特征以及动态变化特征，这里进一步估算了失业率的影响决定方程。从附表2的估算结果得以看出，在控制住其他相关因素后，失业率的性别差异在2005年后始终存在并逐年提高（对应男性更高的劳动参与率，男性也有更高的失业率）；在2001年和2005年，受教育程度较高的大专和本科群体具有较低的失业率，然而在2010年和2016年这样的特征已不再存在；在2010年和2016年外来劳动力的失业率更低（劳动参与率更高），显示出劳动力市场的活力的运行效率在外来劳动力群体上更为有效。

（三）小结与讨论

劳动参与率总体提升、失业率下降，但青年失业问题严重。随着劳动力市场逐渐建立完善，总体上劳动参与率提升，失业率下降。然而近年来，年轻群体的失业率水平明显高于其他群体。人力资本较高的大学生群体，其就业不充分不利于大学生自身的人力资本积累和长期职业发展。大学生就业问题复杂性体现在同时受到摩擦性失业、结构性失业和周期性失业的叠加影响，而短期的摩擦性失业有可能越来越多地转换成长期失业。因此，大学生面临的长期更深层失业类型是结构性失业，在高质量发展阶段，经济与产业转型升级加快，对劳动力人力资本和技能需求快速变化，当前高等教育取得显著发展，但课程体系和教育质量与经济发展需求不相适应，大学生技能水平与岗位技能需求之间的不匹配矛盾依然突出。大学生是人力资本较高的群体，其就业不充分或长期失业对经济社会发展的效率损失更大，对个人而言，其长期脱离劳动力市场，导致其失去“干中学”提升人力资本的机会，也不利于自身的人力资本积累和长期职业发展。在劳动力市场总体供求关系趋于紧张的情况下，就业结构性矛盾进一步加剧。

劳动力市场上的男女表现差异（在全年龄段）扩大。女性更容易成为“沮丧”的劳动者，具体体现在参与率低、失业率低、工作转换更少、转换周期更长。[①] 这在一定程度上使女性教育回报率与男性的教育回报率差异加剧，进而造成家庭内部比较优势的分化，女性不就业机会成本减少；与此同时，生育、养育成本的提高使得肩负更多生育、养育责任的女性的就业机会成本提高。女性在各层级教育阶段毕业找工作时处于更为不利的状态，进而女性推迟进入劳动力市场选择继续升学的比例更大，在其身上存在的就业问

① 本小结中有关工作转换及转换周期的判断来自本书第七章。

题并非得到解决而是使得就业矛盾一再延后。在家庭分工中，女性往往肩负着社会和家庭双重责任，会更多面临生育选择和劳动供给的权衡。随着体制转型，幼儿公共照料服务的退出，生育、养育实际成本的提高等对女性的劳动参与产生负面影响，当前中国0—3岁幼儿照护体系长期处于缺失状态，投身于幼儿照护的女性在近3年的时间内与劳动力市场脱节使得其难以适应新的岗位需求，再次进入劳动力市场的难度增加，导致其成为“沮丧”的劳动者。

从不同受教育程度的表现看，劳动力市场两级化。从不同受教育程度群体劳动力的表现上看，劳动力市场上不同人力资本构成的群体呈现了两极化的表现，高中学历劳动力的劳动参与率明显下降，工作转换较多并且转换周期更长；较高学历和较低学历对应的劳动力市场更为灵活，工作转换周期更短。随着中国人口态势和劳动力供求关系的快速变化，工资的快速上涨使得资本和劳动两种生产要素的相对价格发生变化，为了节约成本实现利润最大化目标，企业会调整两种生产要素的使用数量，更倾向于以资本和技术（包括机器人）替代劳动。从宏观层面来看，这也构成了经济结构变迁和产业结构升级的过程。有经验表明，智能化和自动化对常规性劳动的大量替代大多体现于人力资本水平和收入分布中处于中间位置的岗位。因此

“机器换人”也促成了就业的两极化，至此对于非常规工作岗位需求相对提升。本书的测算表明，在总体态势全面向好的劳动力市场上，受教育程度居中的高中群体有着更复杂的表现。

本地外来劳动力市场表现总体趋同，外来劳动力更具灵活性。从2001—2016年在劳动参与率和失业率等方面外来劳动力的表现均有所逆转，即在较早时期外来劳动力参与率低、失业率高，而近年转为劳动参与率更高、失业率更低。与此同时，当前在本地劳动力劳动参与率较低的较年轻群体和较年老群体上，外来劳动力的劳动参与率都更高。在这样的过程中，在2005年面对劳动力市场的市场化刚开始建立，工作转换的发生大幅提高，随后在2010年和2016年逐渐回落平稳，劳动力逐步在劳动力市场上归位，找寻到新的稳定的位置。面对劳动力市场建立完善的重大变化，所有群体受到了几乎一致的冲击，而随着劳动力市场发育完善，首先恢复的是城市户籍的劳动力，乡城转移劳动力的就业恢复和重构相对滞后，当前所有群体的工作转换的态势均已全面趋稳，其中外来劳动力的工作转换更多。总体上看，外来劳动力在更广泛的群体上保持着在劳动力市场上的灵活性表现，体现为年老群体更高的劳动参与率、中年期以后仍存在一定的工作转换以及较短的工作转换周期等各个方面。

三　劳动力市场转型：从国有到市场化

劳动力市场发展是要素配置效率改进的关键，支撑了21世纪以来中国经济的快速增长。体制转轨实现了城市劳动力市场从无到有，广大劳动者陆续从公共部门和国有部门流向市场化部门。但是，中国改革是渐进式的，劳动力市场转型不是一蹴而就的，改革之路也不平坦，当前是否还遗留着未完成的体制转轨痕迹呢？本章将从体制转轨和渐进式改革视角观察中国劳动力市场转型与发育过程，从个体和家庭两个维度观察城市劳动力市场的动态变迁，以便更清晰地理解劳动者从国有部门走向市场化的冲击与渐变的历程。

（一）城市劳动力市场转型的渐进式过程

城市的市场化改革滞后于农村，同样遵循渐进式改革逻辑。在计划经济时期，城市居民的绝大多数在国有企业和集体企业得到安置，雇用与否与劳动力供求无关，工资决定也不与劳动生产率挂钩，1978 年全部城镇就业的 99.8% 集中在国有和集体单位。改革开放初期，城市企业改革从扩大企业自主权、提高企业分配比例的“放权让利”入手，进行了“拨改贷”“利改税”“承包经营”等多种方式的实践探索，但始终无法走出“一放就乱、一收就死”的困境，1993 年党的十四届三中全会提出现代企业制度之前，始终没有摸索到可以支撑国营企业成为一个独立经营市场主体的制度基石。20 世纪 90 年代中期，国企改革全面启动，城市劳动力市场发育具备了基础条件，企业雇佣行为倾向于市场化，工资水平按照市场机制调整，大量国企下岗职工流向市场化部门。根据国家统计局报告，从开始建立下岗人员统计的 1998 年到下岗人员基本生活保障制度与失业保险制度并轨的 2002 年，国企下岗职工累计达到 2022 万人，再加上之前积淀的下岗人员，国企下岗职工总量达到 2715 万人。[①] 与此同时，在悬殊的工资水平激励下，一批机关事业单位人员纷纷“下海”，从公共部门出来创业经商，成为城市劳动力市场中活跃群体。

股份制改革是我国渐进式改革哲学的典型体现。

① 谢伏瞻、蔡昉主编：《中国改革开放——实践历程与理论探索》，中国社会科学出版社 2021 年版，第 134 页。

1997 年党的十五大提出，要使股份制成为公有制的主要实现形式。根据国家统计局调查数据显示，到 2001 年年底，所调查的 4371 家重点企业已经有 3322 家企业实行了公司制改造，改制企业中 74% 采用股权多元化形式。随着国企改制深入推进以及对所有制理论、产权理论的探索，一方面要通过市场机制解决效率问题，另一方面也希望继续发挥公有制对国民经济的掌控，大力发展混合所有制经济并使股份制成为公有制的主要实现形式成为基本共识，推动了混合所有制经济发展壮大，国有控股企业、合资企业等成为主要组织形式。到 2012 年年底，90% 以上的国有企业完成了公司制股份制改革，全国工业企业中股份有限公司达到 9012 家，混合所有制工业企业数量占规模以上工业企业总数的 26.3%，资产占 44.0%，利润总额占 41.8%。①

非公经济和民营企业发展是市场经济体制改革深化的成果。2002 年党的十六大正式提出“两个毫不动摇”：毫不动摇巩固和发展公有制经济，毫不动摇鼓励、支持、引导非公有制经济发展。2012 年党的十八大强调，要坚持“两个毫不动摇”，为非公有制经济发展营造良好环境和制度保障，民营企业成为重要的市场主体，也是吸纳就业的主力军。同时，外商投资

① 谢伏瞻、蔡昉主编：《中国改革开放——实践历程与理论探索》，中国社会科学出版社 2021 年版，第 161 页。

企业从过去享受优惠政策倾斜，逐渐转变为一视同仁的所有制主体，依法平等使用资源要素、公开公正公平参与竞争、同等受到法律保护。

由此，遵循中国渐进式改革的逻辑，城市劳动力市场转型呈现相应特征。市场经济体制改革之初，绝大部分劳动者集中在机关事业单位、国有和集体企业等国有部门，逐渐转向准国有部门和市场化部门，以私营企业、个体经营等为主要组织方式的市场化部门成为创造就业的主体，这一基本规律性趋势是明确的（见图3-1）。以控股或合资等组织方式运行的准国有企业深度参与市场竞争，在相关领域具有较强的影响力，吸纳了较大规模的就业。从长远来看，这种组织方式究竟作为一种过渡性角色存在，还是一种长期存在的创新组织方式，市场经济体制改革进一步深入将其引入何方，这些议题还有待观察。

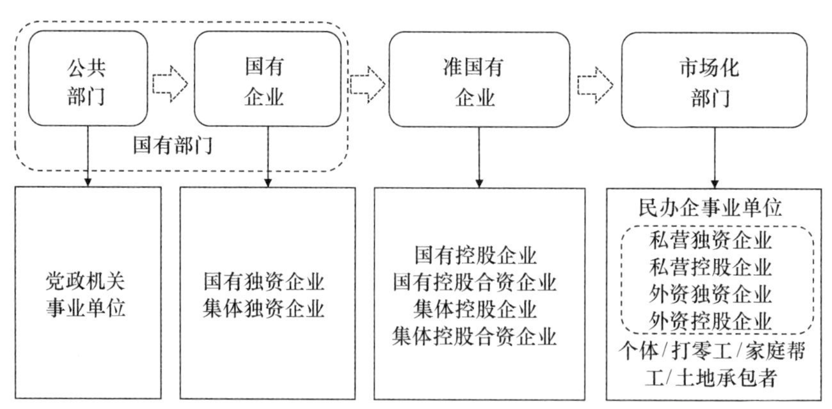

图3-1 从国有到市场化的城市劳动力市场转型分析框架

数据来源：笔者绘制。

中国城市劳动力市场转型在家庭层面得以反映（见图3－2）。21世纪以来开展的四次城市劳动力抽样调查提供了证据，2001—2005年国企改制进入攻坚阶段，城市劳动力从国有企业快速转入市场化部门，本地劳动者在国有企业就业比重从2001年的42.0%快速下降到2005年的21.0%，在公共部门就业的比重也明显下降。2005—2010年体制转轨基本完成，从国有部门（公共部门和国有企业）向市场化部门就业转移的步伐明显放缓，公有经济与非公经济合作成为就业创

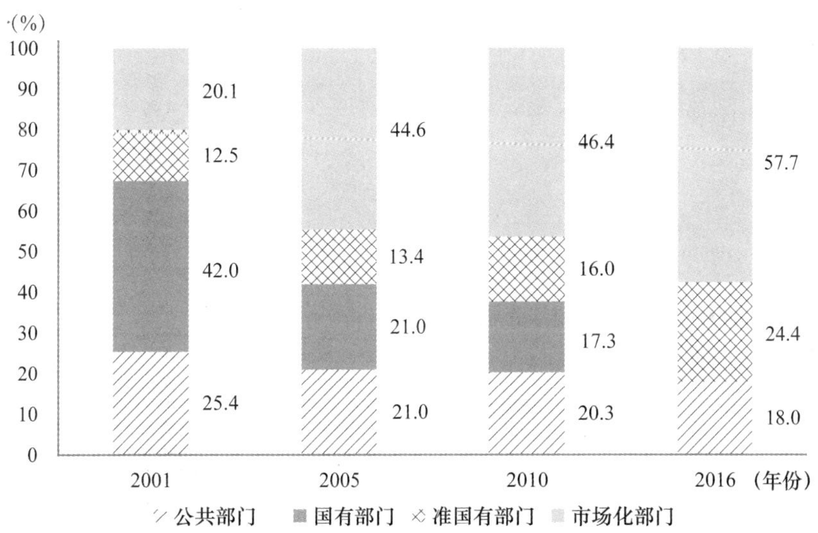

图3－2 城市本地劳动者就业的所有制分布变化

注：公共部门指党政机关事业单位，国有部门指国有独资企业和集体独资企业，准国有部门指国有控股企业、国有控股合资企业、集体控股企业和集体控股合资企业，市场化部门指民办企事业单位、私营独资企业、外资独资企业、外资控股企业以及个体和零工等。2016年国有部门与准国有部门不再区分。外地劳动力绝大部分集中在市场化部门，这里只考虑城市本地户籍劳动者。

数据来源：中国社会科学院人口与劳动经济研究所中国城市劳动力调查。

造的新形式，这一时期城市本地劳动者在准国有部门就业的比重从13.4%提高到16.0%，国有企业就业比重有所下降，市场化部门就业比重提高幅度也不大。2010—2016年市场经济体制改革深入推进，市场化部门创造更多就业岗位，城市劳动力迎来了从国有（准国有）部门向市场部门转移的“第二波浪潮”，这一时期市场化部门就业比重从46.4%提高到57.7%。

尽管市场经济体制改革不断深化，但国有部门（经济）在城市经济和劳动力市场中仍然扮演重要角色，体制因素在城镇家庭参与劳动力市场过程中仍然发挥不可忽视的作用。2001年，家庭成员全部都在市场化部门就业的家庭（完全市场部门家庭）的比重仅为7.7%，到2005年这一比例大幅提高到41.9%（见图3－3），反映出市场经济体制改革对城市家庭带来的巨大冲击。随后市场化改革出现了短暂的反复，这期间国有企业股份制改革强化了准国有企业的力量，同时金融危机冲击也对民营经济带来冲击，同时也打击了城市居民进入市场化部门的信心，完全市场部门家庭的比重下降到33.2%，这主要归因于准国有部门占比提高。2010年之后，市场经济体制改革进一步向前推动，民营经济快速发展并成为新增就业的主要创造主体，完全市场部门家庭的比重再次提高。但是，值得关注的是，国有经济覆盖家庭即至少有一个家庭成员在非市场化部门就业的比重仍然高达54.2%，这意味大多数城市家庭仍然以不同纽带与体制发生关联。体制转轨遗漏的痕迹依然可见，市场化改革依然任重道远。

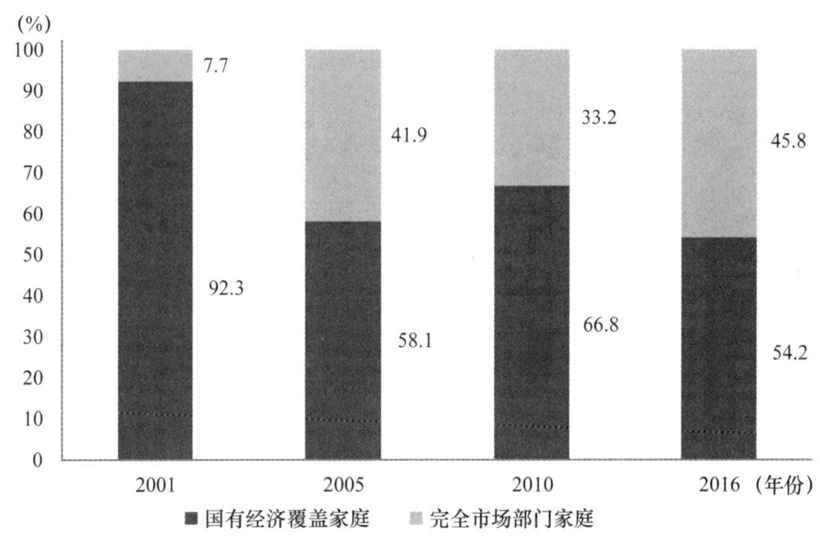

图3－3 城市本地家庭的就业所有制变化

注：国有经济覆盖家庭指家庭成员中至少有一个人在国有相关部门（公共部门＋国有企业＋准国有企业）就业，完全市场部门家庭指所有家庭成员都在市场化部门就业，反映出家庭参与市场化程度。

数据来源：中国社会科学院人口与劳动经济研究所中国城市劳动力调查。

（二）冲击与渐变：劳动力市场转型的波澜

劳动力市场转型与国企改制密不可分、相互交织。东北地区是国有大型企业尤其是重工业集中地区，市场化改革过程中面临的阻力和挑战更大，也得到了政策重点支持。2003 年，国务院发布《关于实施东北地区等老工业基地振兴战略的若干意见》，东北地区等老工业基地振兴战略启动实施，通过财政、税收、豁免历史欠账等多种举措支持国企改革和地区经济发展。与劳动力市场制度相关的一些改革试点首先从东北地区实施，为配合国有企业"甩包袱"，城镇职工基本养老保险制度率先从辽宁省等地区试点，在东北三省试点基础上，2005 年国务院出台了《关于完善企业职工基本养老保险制度的决定》，扩大基本养老保险范围，改革养老金计发办法，试图解决个人账户"空账"等问题。在国家重点支持下，以沈阳为代表的东北地区国企改制大刀阔斧地率先启动，大量国有企业职工下岗分流率先进入到市场化部门，2001 年城市劳动力调查显示，沈阳的本地家庭国有经济就业覆盖比例甚至要低于上海，到 2005 年这一比例下降到 60% 以下，同样低于上海、福州等东部城市。但是，为何城市劳动力市场始终未能恢复活力？至今，东北地区面临城市竞争力不足、就业需求不足、人口净流出等困境。对重工业、资源型产业和国有经济、单位制的"双重路径依赖"，被视为东北地区经济发展困境的症结。[①]

① 李培林：《理解与应对：我国新发展阶段的南北差距》，《社会发展研究》2022 年第 1 期。

体制转轨是劳动力市场转型与发展的起步，但并不是终点。从2001—2016年四次城市劳动力调查来看，沈阳的本地家庭国有经济就业覆盖比例明显下降，到2016年这一比例也并不比其他城市更高（见图3－4）。这意味着以沈阳为代表的东北地区经济和劳动力市场中的体制影响强度持续减弱，市场化水平总体上逐渐提高，相对于其他经济发展水平更高的城市，如武汉、福州甚至上海，城市家庭在国有经济相关部门就业的比重并没有明显差异，甚至还更低，这意味着所谓东北人都要进公共部门或国企就业的特殊偏好并不成立，我们的抽样调

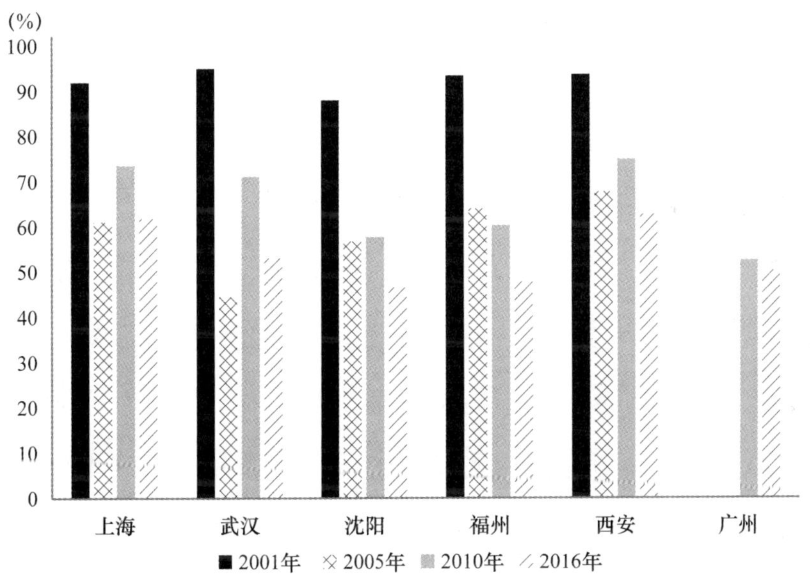

图3－4　城市本地家庭国有经济就业覆盖比例变化

注：国有经济覆盖家庭指家庭成员中至少有一个人在国有相关部门（公共部门＋国有企业＋准国有企业）就业。

数据来源：中国社会科学院人口与劳动经济研究所中国城市劳动力调查。

查数据并不支持这一结论，这一观点更多是认知偏差。但是，东北地区国企改制并不彻底、营商环境较差（所谓“投资不过山海关”的提法）也是不争事实，这给我们的启示是：国企改制为劳动力市场发展提供了基础条件或者说必要条件，但远不是充分条件，劳动力市场持续发展还需要依靠持久的经济活力，既要有就业创造能力，也需要足够的人力资本支撑。

更具竞争力的市场主体是劳动力市场发展的关键。以沈阳为代表的东北地区面临的关键问题在于正规、高效的市场经济主体发育滞后，私营经济部门就业扩张缓慢。沈阳率先启动国企改制，私营经济和个体经济取得了发展机会，2001 年本地劳动力在正规私营经济部门就业的比重达到 10% 左右，并不比其他地区城市落后，此时上海这一比例也仅有 15% 左右（见图 3 –5），但随后正规私营经济并没有跟上时代的步伐，发展明显滞后于其他地区，而私营企业、外商投资企业正式创造高质量、高效率就业岗位的主体，拖累了整体劳动力市场发育进程，到 2005 年沈阳本地劳动力在正规私营部门就业的比重已经明显落后于其他城市，仅有 13% 左右，尽管随后开启了追赶的步伐，但相对于东部发达地区，已经明显滞后，到 2016 年这一比例提高到 36. 3% ，与上海、广州的差距明显。从公共部门或国有部门走出来，仅仅是劳动力市场转型的第一步，如何进入到正规、高效的市场化部门，是当前劳动力市场发展的关键。

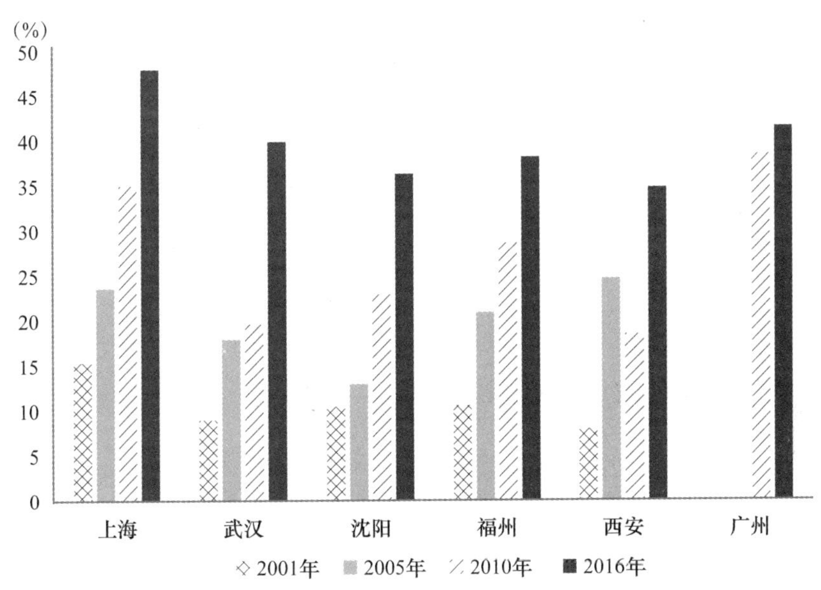

图3-5 城市本地劳动力正规私营经济就业比重变化

注：正规私营经济包括私营企业独资和控股企业、外资（包括港澳台）企业独资和控股企业。

数据来源：中国社会科学院人口与劳动经济研究所中国城市劳动力调查。

当然，市场化改革过程并非“一蹴而就”，也未表现出“稳步推进”。渐进式改革逻辑背后的一个暗含之意，就是当改革遭受严重阻力之时，可能会暂时放慢脚步、甚至短暂出现倒退，表现出改革的反复。从劳动力市场转型过程来看，表现为“急速推进—徘徊反复—稳步发展”的阶段性特征，尤其在2005—2010年市场化改革遭遇了短暂的冲击，混合所有制改革对劳动力市场发展有何影响？2008 年国际金融危机冲击下的“国进民退”对劳动力市场发展是否造成实质性影响？这些议题还值得进一步深入探讨。

（三）尚未完成的劳动力市场转型

年轻一代正在从国有部门走向市场化部门。体制转轨开启了劳动力市场改革步伐，国有部门的就业岗位收缩，表现年轻有活力的劳动力从国有部门走出来，新进入劳动力市场群体也更多进入市场化部门。四次城市劳动力调查显示，年轻一代越来越多进入市场化部门，在国有部门就业比重明显下降。尤其，改革开放之后（20 世纪 80 年代之后）出生的年轻劳动者在国有部门就业的比重已经下降到 15% 以下，到 90 年代之后出生的年轻一代进入国有部门就业的比重更低，相反地，50 年代前后出生的群体超过三分之一集中在国有部门（见图 3－6）。从出生代际来看，劳动力市场转型与发展正在逐步脱离体制的影响。

从另一个视角来看，高人力资本劳动者加快进入市场化部门。人力资本是劳动力市场发展的关键支撑，尤其市场化部门对于发挥人力资本价值尤为重要。2000 年前后，市场化部门中大专及以上学历的劳动者占比仍然较低，而且，到 2005 年这一比例似乎也没有

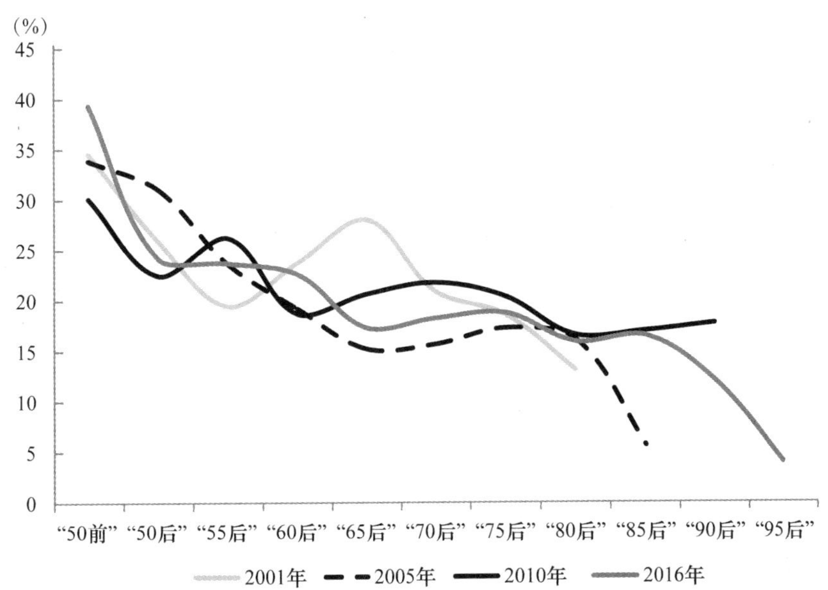

图3－6　不同代际城市本地劳动力在公共部门就业的比重变化

数据来源：中国社会科学院人口与劳动经济研究所中国城市劳动力调查。

太大变化。随着高等教育扩招的效果逐渐体现，经济快速发展与产业结构转型对技能产生更高需求，劳动力市场机制也发挥作用，到2010年大专及以上学历劳动者加快进入市场化部门，2016年市场化部门中本科及以上学历占比大幅提高（见图3－7），市场化部门的人力资本构成发生了根本性变化。

体制与市场的力量是此消彼长的，而且体制影响的方式也在发生变化。以沈阳为代表的东北地区，尽管体制转轨和市场化改革持续推进，本地劳动者在公共部门和国有部门就业比重逐步下降，并且与其他东部发达地区城市似乎并无差异。但是，体制

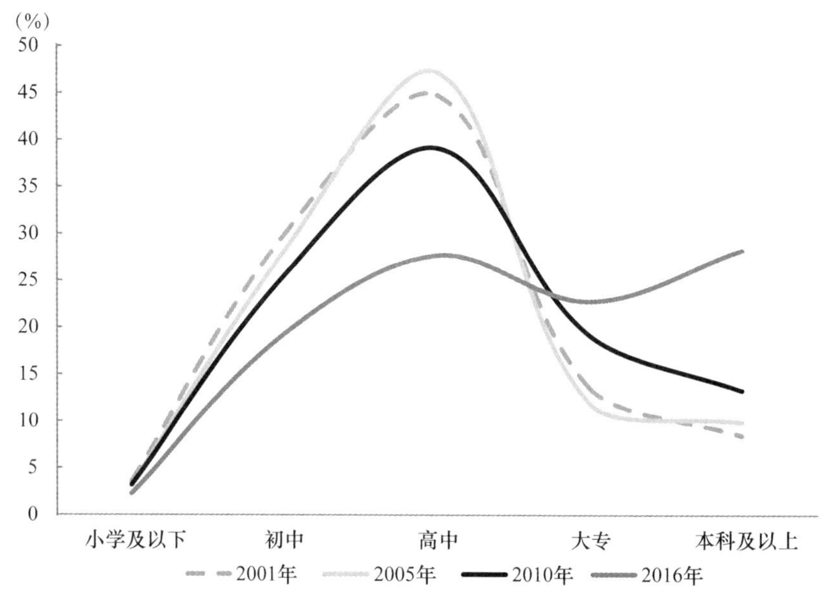

图 3－7　市场化部门中城镇本地劳动力的人力资本构成变化

数据来源：中国社会科学院人口与劳动经济研究所中国城市劳动力调查。

的力量往往通过"隐性"方式产生作用，如果将城市本地家庭划分为两类，一类是公共部门家庭（至少有一个家庭成员在公共部门工作），另一类是市场化部门家庭，通过 2016 年城市劳动力抽样调查显示，沈阳的公共部门家庭劳动力进入国有或准国有部门就业的比重超过 40%，高出市场化部门家庭近 15 个百分点之多（见图 3－8），而形成反差的是，上海、广州东部发达地区城市则几乎没有这种差异，西安、福州则存在类似与沈阳的情况。这意味着，家庭成员通过体制的力量，进入到与体制有利益关联的国有或准国有部门，背后反映出劳动力市场公平与效率问题，这将成为劳动力市场改革与发展的挑战，也是转型未完成的任务。

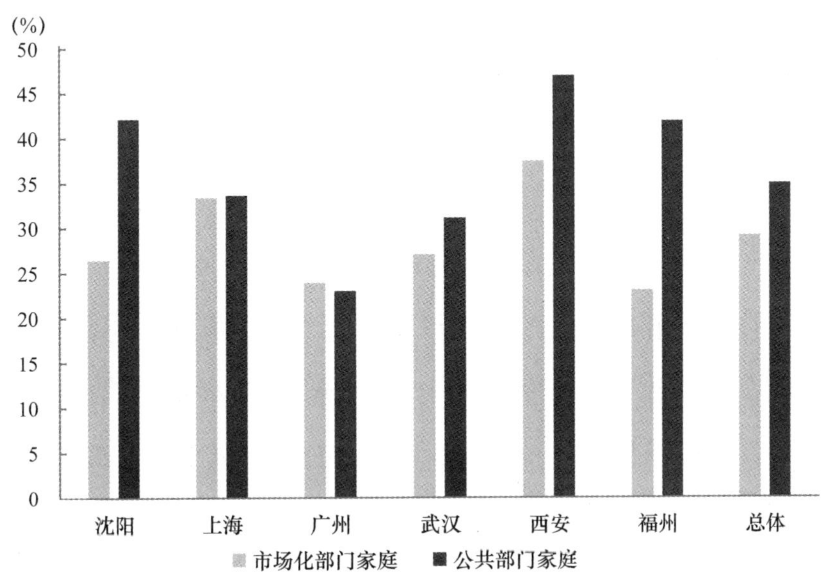

图 3-8 城市本地家庭中劳动力在国有（准国有）部门就业比重（2016 年）

注：公共部门家庭指家庭成员中至少有一个人在公共部门就业的家庭。

数据来源：中国社会科学院人口与劳动经济研究所中国城市劳动力调查。

（四）小结与讨论

劳动力市场发展是要素配置效率改进的关键，支撑了中国 21 世纪以来经济的快速增长。体制转轨实现了城市劳动力市场从无到有，广大劳动者陆续从公共部门和国有部门流向市场化部门。但是，中国改革是渐进式的，劳动力市场转型不是一蹴而就的，改革之路也不平坦，当前劳动力市场发展中还遗留着未完成的体制转轨痕迹。

总体来看，劳动力市场体制转轨大体经历了如下过程：2001—2005 年，国企改制进入攻坚阶段，城市劳动力从国有企业快速转入市场化部门。2005—2010 年，体制转轨基本完成，从国有部门（公共部门和国有企业）向市场化部门就业转移的步伐明显放缓，以股份制方式的国有经济与民营经济合作成为就业创造的新形式。2010—2016 年，市场经济体制改革深入推进，市场化部门创造更多就业岗位，城镇劳动力迎来了从国有（准国有）部门向市场部门转移的“第二波浪潮”。市场化改革过程并非“一蹴而就”，也未表现出“稳步推进”，从劳动力市场来看，表现出一个“急速推进—徘徊反复—稳步发展”的阶段性特征。

从劳动力市场体制转轨可以窥视地区之间经济转型发展过程。为何沈阳（东北地区的典型代表）国企改制大刀阔斧地率先启动，而未能保持持久的市场经济活力和劳动力市场发展？从公共部门或国有部门走出来，仅仅是劳动力市场转型的第一步，如何进入到正规、高效的市场化部门，是当前劳动力市场发展的关键，以沈阳为代表的东北地区面临的关键问题在于正规、高效的市场经济主体发育滞后，私营经济部门就业扩张缓慢。劳动力市场与城市经济发展相互关联、相互促进，更有活力、更高人力资本进入到更具有效率的市场化部门尤其是私营经济尤为重要。

中国劳动力市场发展呈现出典型的体制转轨的特征，劳动力市场建立之初就肩负着分担国企改制包袱的重任，从公共部门和国企转移出来的劳动者早期更多进入非正规就业部门，尽管市场经济体制改革不断深化，但国有部门（经济）在城市经济和劳动力市场中仍然扮演重要角色，城市本地家庭参与劳动力市场过程中与公共部门或国有部门产生关联的比例仍然很高，体制转轨是劳动力市场转型与发展的起步，但并不是终点，市场化改革道路并未完成，面向公平竞争、自由流动的劳动力市场建设目标，一些尚待解决的转轨痕迹有待解决。

四 非正规就业与就业正规化

劳动市场上正规就业和非正规就业的长期共存是当今世界存在的普遍就业状态。非正规就业在提供就业岗位促进经济增长和减轻贫困，缩小城乡差距等方面发挥了重要作用，[①] 但是非正规就业仍然意味着较低的劳动收入、较差的劳动权益保障和较低的社会保障覆盖。本章对21世纪以来中国城市劳动力市场的正规化过程进行分析和探讨。

（一）正规就业和非正规就业发展的基本特征

学者在对正规就业和非正规就业的研究中对如何

① 都阳、万广华：《城市劳动力市场上的非正规就业及其在减贫中的作用》，《经济学动态》2014年第9期；蔡昉、王美艳：《非正规就业与劳动力市场发育——解读中国城镇就业增长》，《经济学动态》2004年第2期。

进行概念界定有多种看法。经济合作与发展组织将没有正式劳动关系且缺乏相关劳动法规保护的雇员认为是非正规就业者。[①] 本章将没有正式劳动合同的雇员视为非正规就业者，[②] 同时考虑劳动者的社会保障状况，将签订正式劳动合同却没有享受城镇职工基本养老保险（以下简称“养老保险”）或者城镇职工基本医疗保险（以下简称“医疗保险”）的劳动者也视为从事非正规就业者。[③] 反之，在本章定义中，凡是拥有正式劳动合同，同时拥有养老保险或者医疗保险的劳动人口都被视为从事正规就业者。我国劳动者主要社会保障包括养老保险、医疗保险、失业保险、工伤保险和生育保险。[④] 其中养老保险和医疗保险是最重要的两项保障。在本部分具体分析时，只要劳动者享受了养老保险或医疗保险，就被认为获得了就业单位提供的社会保障待遇，因为我国五项社会保障实行捆绑式参保方式，参加一项基本可视为参加了所有项目的社会保障。最后本章分析中劳动者限制在16—60岁、调查年份有非农工作的就业者。

---

① OECD，“Employment Outlook 2004”，Paris.

② 吴要武、蔡昉：《中国城镇非正规就业：规模与特征》，《中国劳动经济学》2006年第2期。

③ 其中2005年受数据限制，养老保险统计为参加基本养老保险人群。

④ 2019年国务院办公厅发布《国务院办公厅关于全面推进生育保险和职工基本医疗保险合并实施的意见》，生育保险逐步并入医疗保险。

本章主要描述了调查所涉及的6所城市的正规就业情况。从总体发展趋势可以看出我国城市正规就业比重呈现逐年上升的趋势（见图4－1），占比从2001年的44%上升至2016年的75%。非正规就业也随时间呈现逐渐下降的过程，从2001年的56%下降至2016年的25%。整体说明我国对劳动者的劳动保护越来越规范，签订正式劳动合同和给予劳动者社会保障的企业比重越来越多。

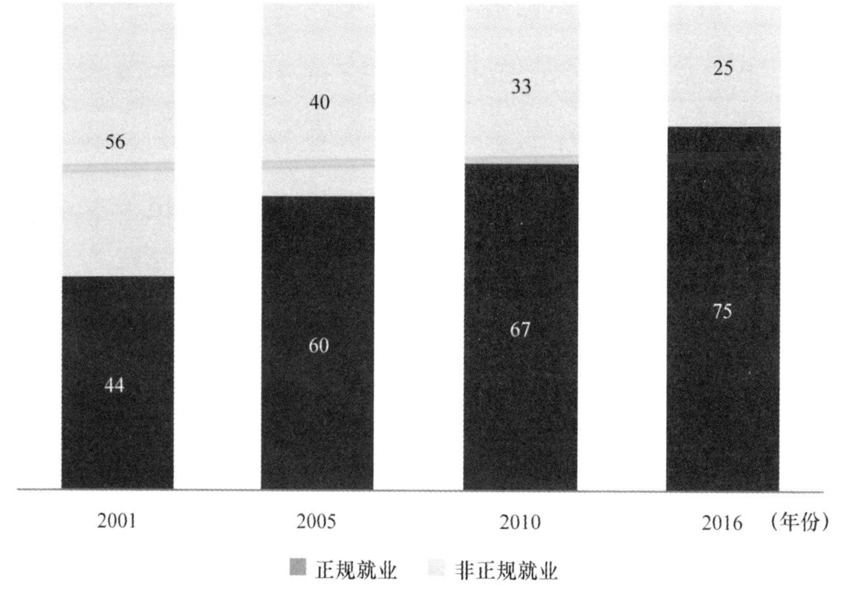

图4－1　分年份正规就业和非正规就业的占比（%）

注：图中考虑权重并包括6个调查城市（沈阳、上海、福州、武汉、广州和西安）数据，其中广州市只有2010年和2016年的数据。

数据来源：中国社会科学院人口与劳动经济研究所中国城市劳动力调查。

区分城市看各城市整体呈现正规就业比例逐渐上

升的趋势，但是城市之间存在显著差别。沈阳经历了先上升再下降然后又逐步上升的发展脉络。从图4－2可以看出沈阳的正规就业占比在2005年上升至49%，但是在2010年下降到37%，2016年又再次上升至67%。东北地区作为我国传统重工业基地，在国企改革的进程中首当其冲，经历了“下岗潮”的冲击，失业率上升，同时在企业改制和下岗潮的冲击下，企业中首先受到下岗影响的可能是非正规就业群体，非正规就业比重的下降表现在数据上可能为2005年正规就业比例的上升，失业群体逐步重新就业表现为2010年

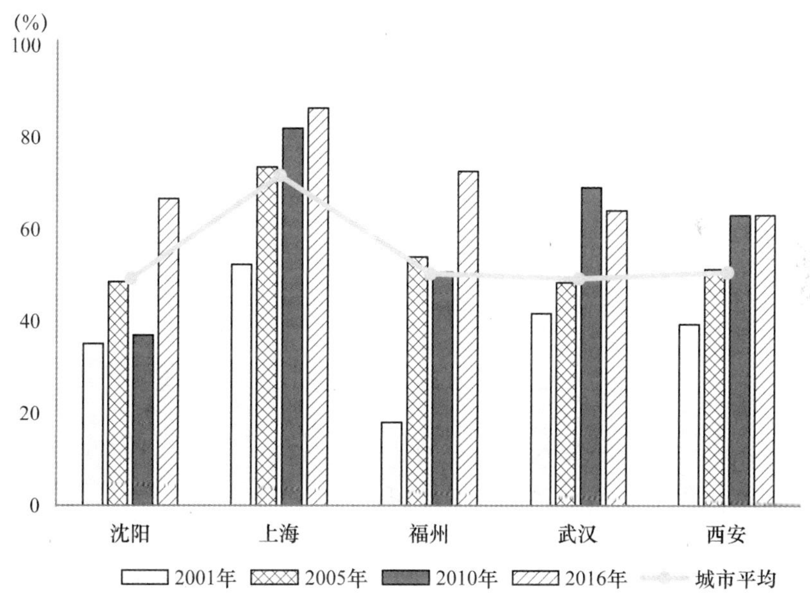

图4－2　各城市正规就业随年份变化情况

注：本图考虑了权重并且只展示了进行完整四期调查的5个城市，广州由于只参与了后两期的调查没有包括在内。

数据来源：中国社会科学院人口与劳动经济研究所中国城市劳动力调查。

非正规就业占比的提高，但是从整体趋势上看沈阳的就业市场也在调整中实现了进一步发展，2016 年的数据表明就业市场正规化程度得到了加强。除了沈阳，福州正规就业的占比发展也在 2010 年呈现略微下降然后再次上升的趋势，同时福州在 2001 年正规就业比例是 5 个城市中最低的地区，仅有 18% 的劳动者从事正规就业。上海正规化就业一直处于较高水平，2001 年已经超过 50%，2016 年更是达到 86%。说明上海的就业市场对劳动者保护力度较好，多数企业能够和劳动者签订正式劳动合同，及时缴纳社会保险，同时在上海工作的劳动者自身也有较高的劳动保护意识。武汉和西安的就业正规化发展趋势和上海比较类似，都是一直保持上升的趋势。

（二）正规就业劳动者的社会经济特征

本部分将从劳动者的社会经济特征角度对就业类型进行分析，具体包括性别之间的区别、出生年代的区别和教育水平的差距是否会造成劳动者从事正规就业比例的变化，以及性别差异、出生年代和教育水平随时间变化对劳动者从事正规就业的影响。

1. 男性比女性更容易获得正规就业机会，性别差距在收敛

从整体趋势看（见图4－3），相比女性就业群体，男性劳动者更容易获得正规就业的机会。2001年女性的正规就业率所占比重只有37%，同期男性的正规就业率所占比重为49%。2005年女性正规就业率所占比重显著上升至55%，同期男性的正规就业率所占比重上升至64%，差距有所缩小，但女性正规就业率还是远低于男性。2010年以后女性正规就业情况进一步得到改善，男女之间的差别逐步缩小。2016年男性和女性的正规就业率趋于一致，女性略低于男性，但是都达到70%以上。

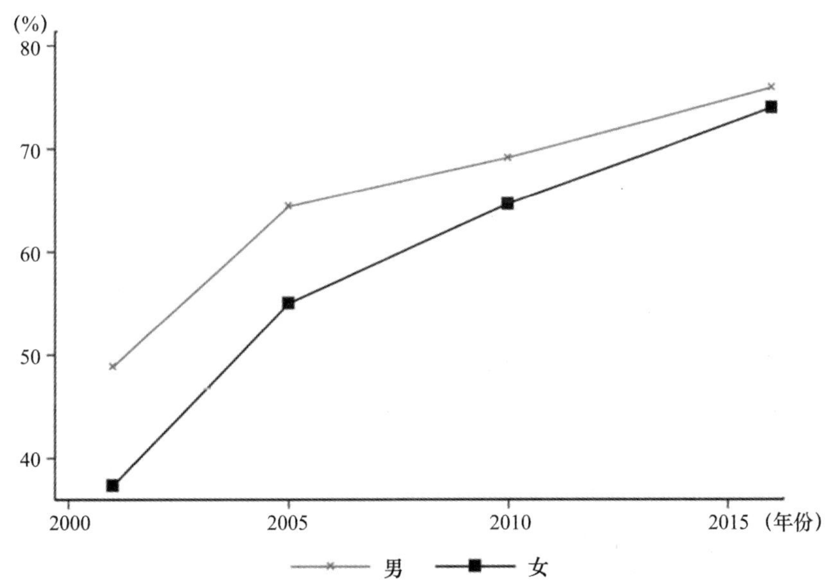

图4－3 按性别划分正规就业变化

数据来源：中国社会科学院人口与劳动经济研究所中国城市劳动力调查。

从时间趋势上看，男性劳动者一直比女性劳动者以更高的概率从事正规就业，但是这种性别差距在逐渐缩小，差别从2001年的12%下降到2016年的2%，这种缩小的趋势一方面说明就业人群中的女性群体的就业质量在改善，可能是由于我国女性社会地位的提高，在劳动力市场上能够更平等地获得正规就业的劳动机会，另一方面说明我国女性受教育水平的提高带来正向的就业影响，较高的受教育水平带来的较高人力资本和获得正规就业机会是密不可分的。[①] 最后值得讨论的是，女性群体正规就业和男性趋同的第三种可能是由于没有获得正规就业的女性已经退出了劳动力市场。正如学者关注到的婚育行为，尤其是早婚的女性无法持续参加正规就业。[②] 这种影响在中国由计划经济转型为市场经济后更为显著，生育的压力和市场经济条件下儿童照料机构的缺失可能使得女性在是否从事非正规工作和退出劳动力市场全职在家之间的博弈中选择了退出劳动力市场，从而表现为劳动力市场上女性正规就业比例的相对上升。

图4-4进一步分城市对正规就业在性别上的差异进行分析，上海、福州、武汉、广州和西安正规就业

① 这将在后文关于教育水平的分析中专门讨论。

② Sun，Shengwei and Feinian Chen，“Women's Employment Trajectories During Early Adulthood in Urban China：A Cohort Comparison”，*Social Science Research*，68，2017：43-58.

在性别上的差异和总体趋势保持一致，男性劳动者正规就业比例超过女性劳动者。从时间趋势上看上海、西安男性和女性正规就业比例逐渐趋同。武汉和广州正规就业的性别差距变化不大。福州正规就业的比重从时间趋势上一直没有表现出显著的性别差异。

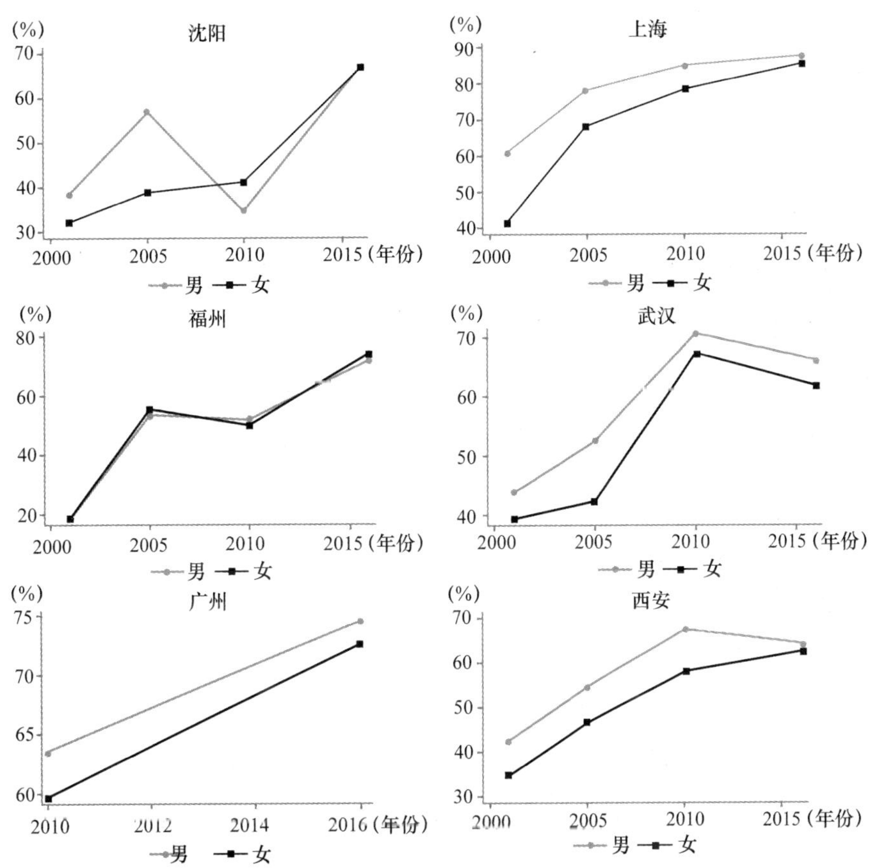

图 4－4　按性别划分城市正规就业变化

数据来源：中国社会科学院人口与劳动经济研究所中国城市劳动力调查。

沈阳的男性正规就业在 2005—2010 年出现了显著下降的趋势。2005 年处于国企改革成长跨越期的末期，国企改革已经基本完成，沈阳作为东北重工业基地的代表性城市，受到国企改革的剧烈影响，但是2005年数据却显示正规就业比重上升，其中男性上升幅度更远大于女性。究其原因，可能由于在国企改革过程中伴随着企业改制，大批产业工人下岗，失业率上升，失业群体首先以就业不稳定的非正规就业为主，数据上反而表现为正规就业群体比例上升。由于沈阳主要产业为采矿设备、金属冶炼、汽车产业等男性劳动力占比较高的产业，所以对男性影响更大。在国有企业内部也有正规就业岗位和非正规就业岗位之分，国企改革过程中首先对非正规就业人员产生了冲击，这部分人员短时间内不能重新匹配到合适的岗位，经历了短暂的失业时期，导致2005年沈阳正规就业比重的上升。最后在受到冲击的双职工家庭进行家庭内部决策时，家庭可能会在有选择的情况下优先考虑保留收入更高的男性群体的正规就业。

2. 就业市场呈现逐渐正规化的趋势，非正规就业主要集中在“4050”人员和刚进入劳动力市场的年轻劳动者群体

图4－5进一步显示我国城市正规就业占比随时间变化逐渐上升趋势显著。图中使用出生组别对年龄进行划分，其中“50前”代表出生年份在1950年之前的劳动者、“50后”指出生年份在1950—1954年的劳

动者，以此类推。从四期数据可以显著看出，调查城市就业呈现正规就业占比逐渐上升的趋势。非正规就业主要集中在技能水平偏低、技能单一化的“4050”人员和刚进入劳动力市场、工作经验不足的年轻劳动者群体。正规化就业的年龄趋势和我国失业率、劳动参与率的年龄趋势保持基本一致。

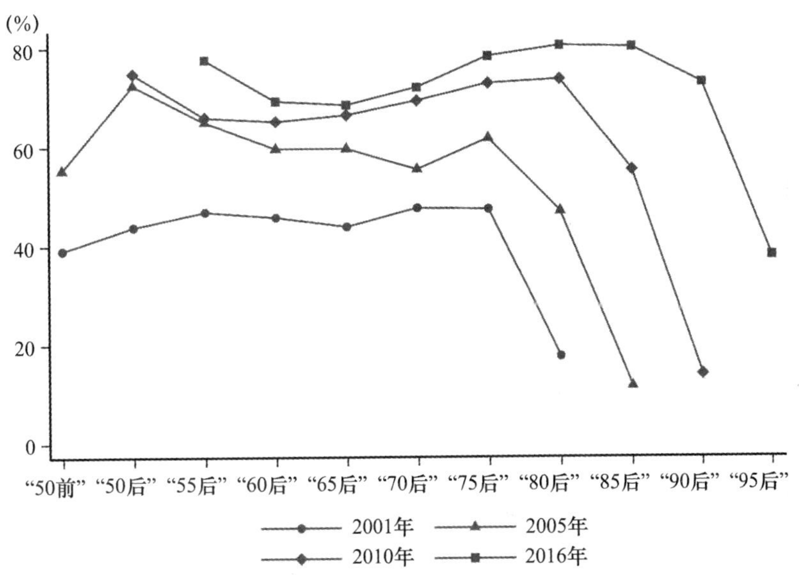

图 4－5　按出生组别划分正规就业分布

注：图中考虑了权重和6个调查城市。横轴为出生组别变量，纵轴为正规工作占比。考虑到有些年份的开始或结束组别样本过少影响总体趋势，在图中已经删除。

数据来源：中国社会科学院人口与劳动经济研究所中国城市劳动力调查。

3. 受教育水平对是否获得正规就业有显著影响

正规就业的受教育年限在各个时期都显著高于非正规就业劳动者的受教育年限，说明受教育水平对于能否找到正规就业岗位是至关重要的因素（见图4－6）。分组来看，正规就业的受教育年限呈现逐步上升的发展趋势，从平均12年到平均14年，意味着获得正规就业的受教育水平从初中毕业到大多数都接受过高中教育。与此相反，从事非正规就业工作群体的受教育年限2000—2016年基本没有增长，甚至在2005年和2010年还略有下降。

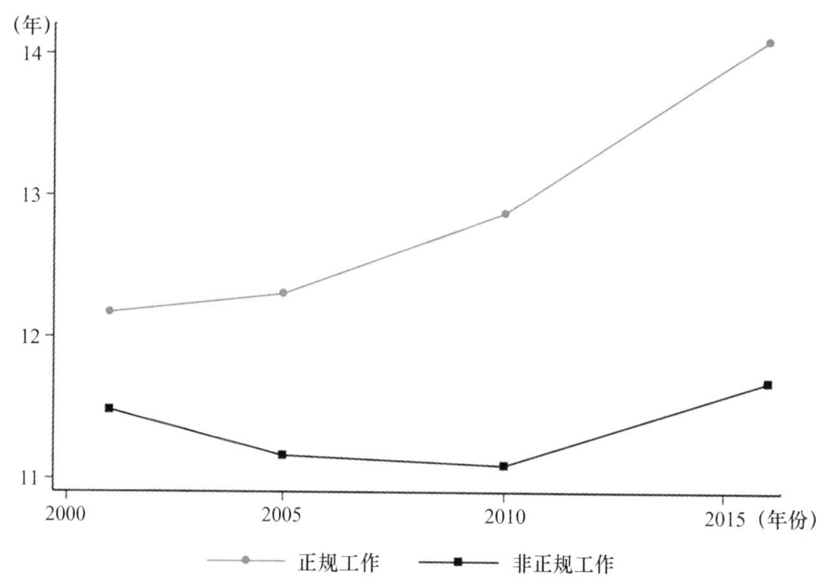

图4－6 正规就业和非正规就业的教育年限差别

数据来源：中国社会科学院人口与劳动经济研究所中国城市劳动力调查。

进一步分析劳动者接受的最高受教育水平的差别可以发现从事正规工作的劳动群体的受教育水平普遍较高（见图4－7）。伴随着年份变化，较高教育水平群体在从事正规工作上所占比重越来越高。具体来说，正规就业劳动群体在2001年有42.9%接受过高中教育，32.1%接受过大专及以上水平的教育，25.1%只接受过初中及以下的教育。随着时间的推进，接受过高中阶段教育群体的比重逐步扩大，增加到50.1%，之后略微下降，2016年稳定在51%；与高中教育相对应的接受过大专及以上教育群体的比重在2001年低于高中教育占比，为32.1%，之后略有下降，但是在2010年之后比重显著上升，2016年达到51%，这和当时的大学扩张政策相一致，正规就业群体的人力资本得到进一步提高；最后与高中和大专及以上教育不同的是接受过初中及以下教育的正规就业群体占比一直保持最低的水平，同时随时间推移比重显著下降，2010年为17.7%，2016年已经下降至2.7%，究其原因主要是同期高中和大专及以上受教育群体大量进入劳动力市场，将人力资本水平较低的初中及以下群体挤出了正规就业市场。2001年在非正规就业群体中，最高教育水平为高中阶段的比重为41.9%，其次为接受过初中及以下教育，占比34%，占比最少群体为大专及以上受教育群体，这部分群体在劳动力市场上竞争力较强，主要从事正规就业。教育水平为高中的非正规就业占比从2001—2010年比例变化不大，从2010年开始呈现显著上升趋势，同期在非正规就业市场上教育水平为初中及以下的群体比例迅速下降。“一升一降”的趋势首先得益于我国教育事业的发展和普及，同时可能来源于流动人口群体教育水平的普遍上升。接受过大专及以上教育水平的群体占比在非正规就业群体中一直处于较低水平，2016年相比2001年稍有增加。

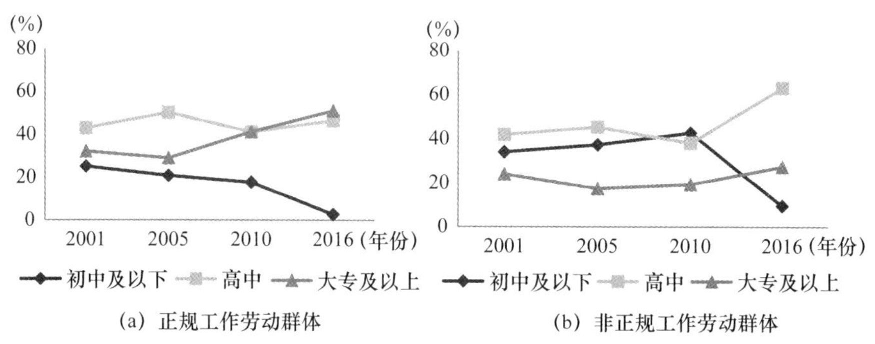

图4－7　最高教育水平与工作正规化关系

数据来源：中国社会科学院人口与劳动经济研究所中国城市劳动力调查。

（三）正规就业发展和户籍的关系

本部分将从正规就业和户籍之间的关系角度分析正规就业的发展（见图4－8）。从户籍上将劳动人口分为三类：本地城市户口、外地城市户口和外地农村户口。从时间趋势上看正规就业占比显示出从城乡流动人口和乡城流动人口的一致转为城乡流动人口和本地城市户口一致的变化轨迹，就业的正规化发展过程显示出从本地和外地之间的分割到城市和乡村之间分割的特征。

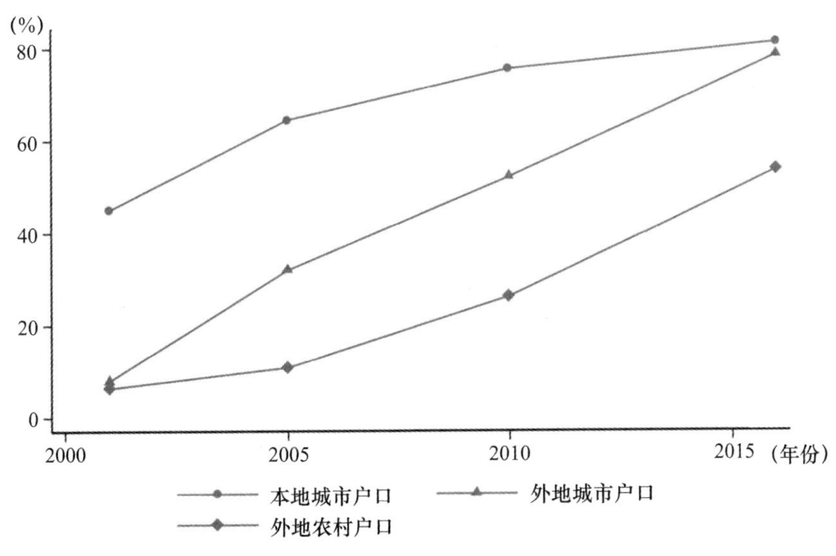

图4－8　按户口划分正规工作比例

数据来源：中国社会科学院人口与劳动经济研究所中国城市劳动力调查。

第一，本地城市户口在正规就业选择上存在明显的优势，占比远高于外地城市户口和外地农村户口群体。2000年城市正规就业中大多数都来自本地城市户口劳动力，虽然当时劳动力管制已经逐步放松，但是农村转移劳动力在城市主要从事建筑业、服务业等较低机会获得社会保障的非正规工作。拥有更好社会保障和稳定劳动合同的工作主要由城市本地人口获得。

第二，在流动人口中城城流动人口正规就业比例高于乡城流动人口。2000年流动人口中，不管是外地城市户口劳动力，还是外地农村户口劳动力，都无法享有和本地城市户口居民同等获得正规就业的机会。随着市场经济的快速发展和社会保障制度的完善，户籍制度和是否获得正规就业不再直接挂钩，而是更多地考虑教育水平、人力资本和工作经验，流动人口逐渐获得更多的正规就业机会。在流动人口中城城流动人口由于受教育水平更高，相应的人力资本水平更高，更容易匹配到正规工作机会；城城流动人口中很多在城市接受了大专及以上的高等教育，对城市的融入性和适应性更好，更容易进行工作搜寻。乡城流动人口即通常所说的农民工群体是在城市就业市场上受劳动保护最薄弱的群体，劳动合同的签订和社会保障的参与都远低于城市户口居民。相应的，乡城流动人口很难获得城市公共服务，很难享受到城市的医疗、教育等公共资源。

总的来说，在正规就业的发展过程中早期呈现显著的户籍分化，正规就业排斥的是外地劳动力，随着市场化的进程和户籍制度的改革，户籍排斥不再显著影响正规就业，但是与此同时农民工群体就业非正规化的问题显著凸显出来，正规就业在户籍上的分化表现为城市户口和农村户口的分化，这种差距从深层次来说是人力资本水平差异造成的区别。

图4－9展示了区分城市进行分组数据分析，发现在所有调查的城市中本地城市户口居民都更容易获得

保障性更好的正规就业，但是由于各个城市发展历史和特征不同在趋势上也呈现出不同的特征。

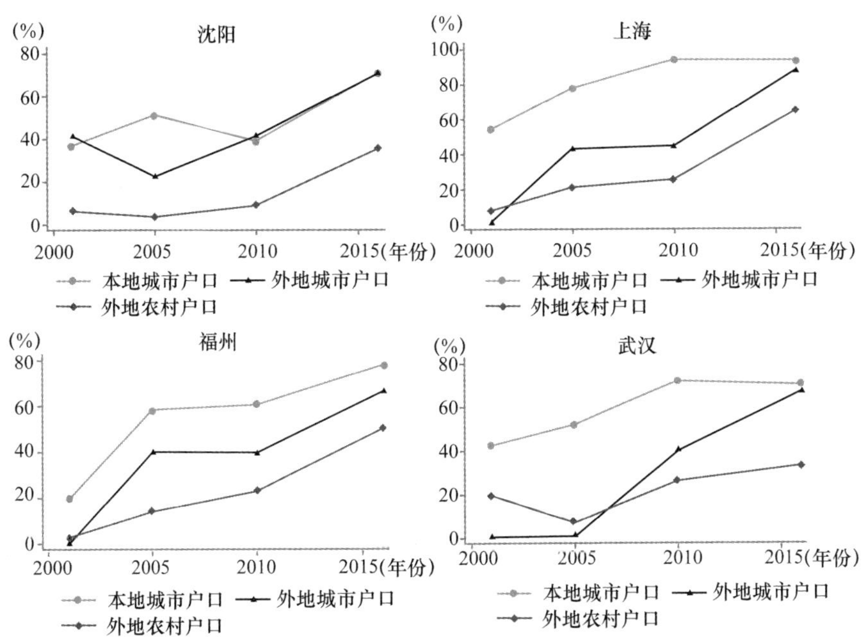

图 4－9 分户籍和城市正规就业占比

数据来源：中国社会科学院人口与劳动经济研究所中国城市劳动力调查。

沈阳2005年本地城市户口的正规就业比重远高于其他两类户籍人口，并且比2001年也有显著提高，可能是因为在国企改革的过程中优先保护本地户籍人口，在下岗浪潮中首当其冲的是外地户口的就业群体。但是这个特征在2010年以后不再存在，本地城市户口和外地城市户口群体的正规就业比例趋近一致。一直以来，沈阳的外地农村户口劳动力的正规就业比例相比城市户口劳动力保持较大的差距。上海本地户口劳动力的正规就业占比一直很高，在 2000—2010 年得到了长足发展，2010 年之后进入了平稳时期；外地城市户口在上海的正规就业比重在 2000—2005 年出现了跨越式发展，2005—2010 年保持平稳，2010 年之后比重继续显著提高，2016 年比重达到和本地户籍群体趋同的水平；外地农村户口劳动力从事正规工作的比重在 2010 年之前一直偏低，在 2010 年之后得到显著增长，这可能得益于上海更严格的劳动合同和社保监管工作。福州本地城市户口正规就业比重一直最高，发展趋势和外地城市户口正规就业发展趋势基本保持一致，都是在 2001—2005 年显著增高，2005—2010 年保持稳定，2010 年之后迎来进一步的增高趋势；外地农村户口劳动力正规就业比重一直在提高，趋势发展较为平稳。武汉的外地城市户口的正规就业比重从 2005 年开始发展迅速，2016 年和本地城市户籍趋同，这部分可能得益于武汉丰富的高等教育资源吸引了很多外地年轻劳动力，为武汉经济的长足发展积累了丰富的人力资源。广州受限于只有两期数据，同样可以看出 2010—2016 年的发展趋势和总体城市发展趋势保持一致，本地城市户口劳动力正规就业比重最高，其次是外地城市劳动力，最后是外地农村劳动力。西安的本地城市劳动力正规就业比重在 2001—2010 年稳定上升，之后趋于稳定并略有下降。

（四）正规就业与非正规就业的单位类型

讨论了户籍上的差异之后，本部分将关注正规就业和非正规就业在单位类型上的分布情况。一般来说正规就业较多分布在国有集体控股企业和党政机关及事业单位，私营企业和个体经济中更多分布着非正规就业。正规就业和非正规就业是否会随着时间变化而变化、城市之间单位内部正规就业和非正规就业的比例是否有显著区别等问题也会在本部分进行讨论。

1. 国有集体控股企业仍然是劳动者从事正规就业的主力，私营经济规模显著增加提供更多就业岗位，体制内工作在提供正规就业岗位上的比重下降

国有集体控股企业是劳动者从事正规就业的主力，私营经济用工正规化在2000年后得到了长足发展。图4－10展示了劳动力在不同单位类型的正规就业比重划分。可以看出，国有集体控股企业在全部单位类型中正规就业比重最高，但是呈现逐渐下降趋势，从2000年比重接近70%下降到2016年的30%以下。机关及事业单位的正规就业在全部单位类型比重较为稳定，略有下降，2000年比重为24.4%，2005年上升到30.9%，2016年下降到20%以下。私营企业的正规就业在全部单位类型中得到显著的稳步上升，从3.6%上

升到40.7%，说明私营经济的正规化发展在21世纪以来得到了长足发展，对劳动者的劳动合同签订和社会保障权益的保障日益完善。外资企业的正规就业比重保持稳定。个人经济和其他单位类型的正规就业在全部正规就业中比重很低。

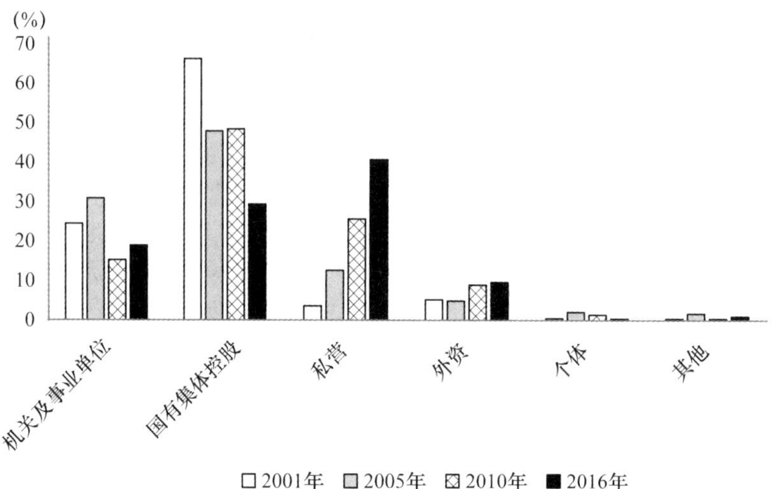

图4-10 分单位类型正规就业分布

数据来源：中国社会科学院人口与劳动经济研究所中国城市劳动力调查。

图4-11展示了分城市的正规就业在各类单位类型中的划分情况。东北地区城市公共部门工作在2001年占比很高，但是在2016已下降至平均水平。沈阳在2001年机关及事业单位正规就业比重42.5%，远高于同期其他所有城市。武汉正规就业比重为27.3%，上海正规就业比重为20.8%，福州和西安同期公共部门正规就业比重分别15.2%和19.7%。在国企深化改革和市场经

济改革的影响下，沈阳公共部门正规就业比重下降显著，2016 年在全部就业类型中仅有 15.9% 从事公共部门的工作，和上海 14.1% 的比重相差无几，低于武汉和广州公共部门 22.3% 和 23.3% 的正规就业，西安和福州公共部门正规就业比重最高，为 26.9% 和 24.6%。

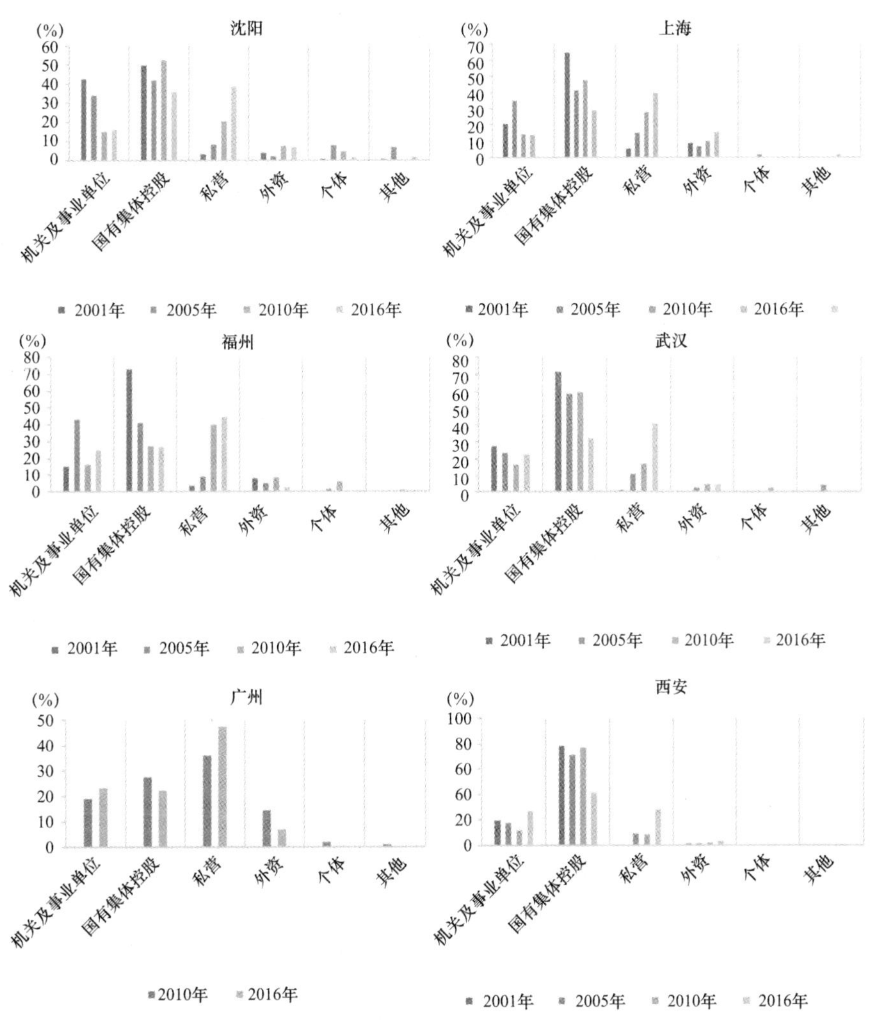

图 4－11　分城市和单位类型正规就业分布

数据来源：中国社会科学院人口与劳动经济研究所中国城市劳动力调查。

所有城市国有集体控股企业在提供正规就业岗位上的比重显著下降。2001 年国有集体控股企业提供正规工作比重最高的是西安，达 78% 以上，次之为福州和武汉，比重分别达到 73% 和 71%，上海为 64%，沈阳实际比重最低，仅为 50%。2016 年除了西安国有集体控股企业提供正规就业占比仍然保持 40% 以上，其余 5 个城市国有集体经济提供的正规就业岗位都下降到 30% 以下。

私营经济得到长足发展，多数调查城市提供 40% 左右的正规就业岗位。私营经济在 2001 年发展规模很小，调查城市提供的正规工作比重都低于 10%。2016 年私营经济在各个城市普遍得到较快发展，多数城市提供的正规就业岗位比重都达到 40% 左右。提供正规就业岗位比重最高的为广州，达到 47.4%，说明以广州为代表的珠三角地区民营经济发展迅速，并且发展相对正规化，为从业者提供正规劳动合同和社会保障的比例较高。上海、武汉、福州和沈阳私营经济正规化的进程也非常显著，提供正规就业岗位的比重为 40% 左右。西安私营经济提供正规就业的比重相较其他城市显著偏低，为 28%。究其原因从西安单位类型提供正规就业的占比分布看，西安的国有和集体控股企业在提供正规就业岗位上仍然保持较高比重，2016 年仍然保持在 41%，对比来看广州 2016 年国有和集体企业提供正规就业岗位的比重已经下降到22%。

2. 国有集体控股企业、机关及事业单位以及外资企业中正规就业保持较高的比重，非正规就业广泛分布在私营经济和个体经济的单位类型内

图4－12进一步展示了主要单位类型内部正规就业的比重。可以看出，国有集体控股企业中正规就业一直保持较高的比重，2001—2005年有显著的提升，可能的原因是2005年《关于完善企业职工基本养老保险制度的决定》实施，职工养老保险得到了完善和覆盖面的扩大，保障了劳动者的权利，国有集体控股企业的正规就业比重也出现了明显的上升。上升特征同时也表现在了机关及事业单位、外资企业和私营企业，正规就业比重在2001—2005年均有明显的上升。外资企业的社会保障和劳动合同签订一直保持较高水平，基本和国有集体控股企业保持一致。机关及事业单位在2005年正规就业比重显著提升后进入平稳期，保持在80%左右，说明在机关及事业单位内也长期存在非正规就业群体，可能广泛分布在后勤服务岗位。私营企业的正规就业比重在2005年得到明显上升后，2005—2016年进一步得到提高。私营企业是从事非正规就业较为集中的单位类型，在2001年超过80%的就业都是非正规就业，在社保扩面后私营企业非正规就

业比重仍然高达60%以上，2016年私营企业中非正规就业比重下降到40%。个体经济本身也是非正规就业集中的单位类型，正规就业比重一直处于较低水平，但是个体经济很多呈现家庭式经营方式，签订正规劳动合同的可能性较低，同时参加职工养老和医疗保险的比重很低，最终表现为正规就业比重远低于其他单位类型的从业者。未来需要进一步重视私营经济和个体经济中劳动者的权益保障工作，监督私营经济中正规劳动合同的签订和社会保障的缴纳，鼓励个体经济从业者参加职工养老和医疗保障。

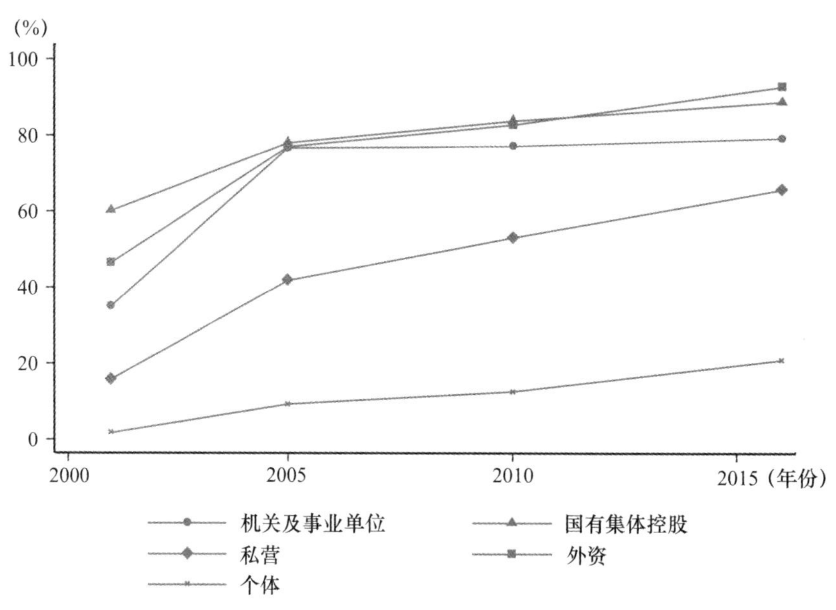

图4－12　单位类型内正规就业分布

数据来源：中国社会科学院人口与劳动经济研究所中国城市劳动力调查。

（五）正规就业与非正规就业的收入特征

除了在劳动合同和社会保障上的区别，正规就业和非正规就业由于在就业领域、就业稳定性和人力资本等方面的区别可能会导致收入的差距。本部分将对正规就业和非正规就业的收入特征从小时工资的角度进行分析。

1. 小时工资随年份变化显著增长

表4－1展示了正规就业和非正规就业随年份变化收入的变化情况。2001年6个城市全部就业劳动力的小时工资为6.3元/小时，2016年达到31.7元/小时，增长了4倍。其中正规就业小时工资从7.5元/小时增长到36.7元/小时，增长了3.8倍；非正规就业小时工资从5.5元/小时增长到22.1元/小时，增长了3倍。从增长速度看正规就业的小时工资增长速度快于非正规就业。

表4－1 **正规就业和非正规就业收入比较** （单位：元）

年份	全部就业	正规就业	非正规就业
2001	6.28	7.51	5.49
2005	9.18	9.62	5.60
2010	15.04	16.01	9.64
2016	31.71	36.74	22.09

注：表格中样本城市包括全部6个调查城市，计算小时工资时考虑权重。

数据来源：中国社会科学院人口与劳动经济研究所中国城市劳动力调查。

2. 地区之间小时收入存在显著差异

图4－13展示了进行了四期完整调查的5个城市

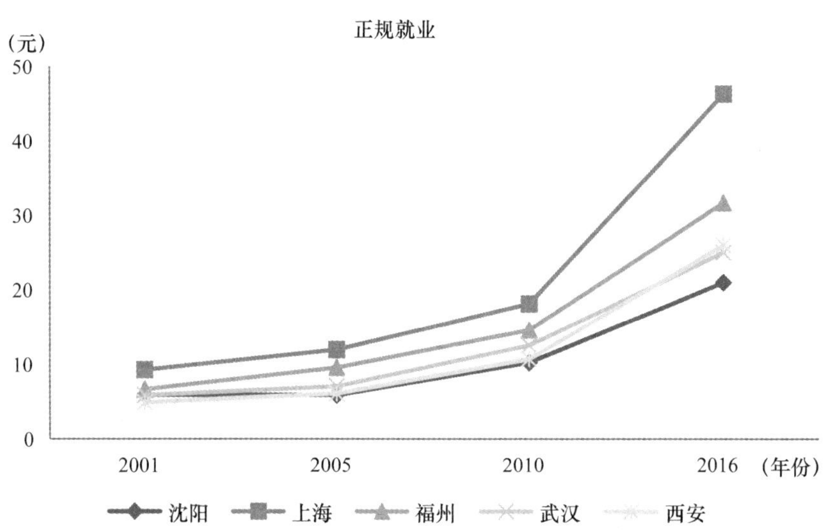

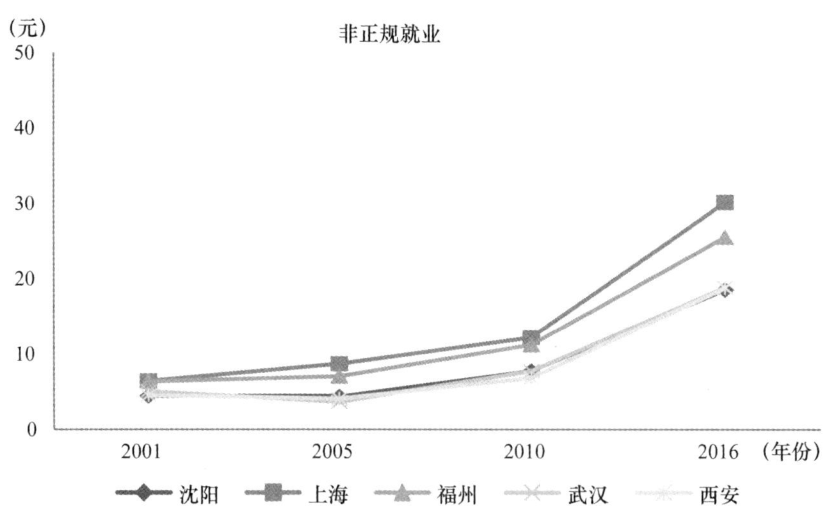

图4－13 正规就业和非正规就业收入的城市差异

注：表格中样本城市包括全部调查年份的5个城市：沈阳、上海、武汉、福州和西安，计算小时工资时考虑权重。

数据来源：中国社会科学院人口与劳动经济研究所中国城市劳动力调查。

的收入变化趋势。当前收入存在显著的地区差异。2016 年无论是正规就业还是非正规就业，上海小时收入最高，沈阳小时收入最低。但是在 2001 年沈阳正规就业的小时收入仅次于上海，排名第二，虽然沈阳的小时工资在 2001—2016 年增长也非常显著，但是增长速度落后于其他城市。

3. 各地方非正规就业收入均低于正规就业收入

对比正规就业和非正规就业收入发现各城市非正规就业的收入都低于正规就业的收入。尤其是上海的正规就业收入在 2010—2016 年得到显著跃升，增速明显快于其他城市，同时城市内部比较来看，上海正规就业的收入增幅远高于同期非正规就业的收入增幅。对比来看，2016 年沈阳在正规就业和非正规就业的收入方面差距最小。沈阳、武汉和西安的非正规收入发展趋势较为统一，但是沈阳的正规就业收入增长速度缓于武汉和西安。

（六）小结与讨论

就业不仅是民生问题，也是发展问题。就业市场长期存在正规就业和非正规就业的不同就业形态，都为我国经济发展做出了长足贡献。近些年来出现的很多新的就业模式，如外卖骑手、直播销售等都为解决就业做出了贡献，由于岗位特征等导致的就业流动性强等特征在类型划分上基本被归为非正规就业。虽然正规就业和非正规就业都是重要的就业形态，但是二者还是有显著差异，从劳动者权益保障上看，非正规就业和正规就业差异显著。从内部特征上看，正规就业仍然存在男性优于女性、城市户籍优于乡城流动人口的状态，本质上是由于就业市场上仍然存在性别差异和人力资本水平的差异问题。从单位性质上看，存在国有集体控股企业和机关、事业单位和外资企业这样的“大企业”正规就业比重远高于私营经济和个体经济组成的“小企业”的现象。

结合正规就业和非正规就业的差异和特征，重视就业市场上新的就业模式，规范非正规就业的保障工作，在流动性较大的行业加强对劳动者“五险一金”在不同行业、不同城市之间的转移接续工作的保障力度，加强对劳动合同签订的审查工作。从长期来看，如何保障中小企业从业劳动者、短期就业劳动者和个体经济从业者的劳动权益和社会保障权益，提高他们在面对经济波动时的应对风险能力是在下一阶段就业工作需要研究的问题。

五　从城乡分割到城乡一体化

从新中国成立后至改革开放初期，广大农民在城乡之间的流动受到了严格限制。改革开放后至20世纪90年代，随着政策制度的不断放活和乡镇企业的异军突起，越来越多的农民“洗脚上田”，逐步实现了从“离土不离乡”向“离土又离乡”的转变。进入21世纪，农村劳动力进城务工不再受到跨省流动以及就业工种的限制，党和国家出台了一系列政策文件，为乡城迁移人口（农民工）、城城流动人口在城市就业、生活提供了制度保障，加速了乡城迁移劳动力和城城迁移劳动力数。乡城迁移劳动力从农村向城市转移具有配置效应和增长效应，[①] 是我国经济发展改革的重要成果，成为支撑高经济增长的重要源泉。第七次全国人口普查数据的资料显示，2020年流动人口总数为3.76亿人，相比

---

① 蔡昉：《改革时期农业劳动力转移与重新配置》，《中国农村经济》2017年第10期。

于 2010 年净增加了 1.54 亿人。2021 年农民工总量达到 29251 万人，延续了数量稳中有升的趋势。

本章以乡城迁移劳动力、城城迁移劳动力与本地城镇劳动力的就业为研究主线，重点从劳动力就业特征和生活特征反映城乡分割向城乡一体化转变的过程。具体来说，就业特征包括就业的工资水平、就业行业、就业类型、社会保障以及人口学特征；生活特征则由居民消费支出反映。城乡一体化中居民之间的消费差异趋同也是乡城迁移劳动力社会融入的重要表现形式。以期本章为全景化地理解 21 世纪以来乡城迁移劳动力就业和生活特征提供经验证据。

（一）劳动力迁移与群体结构特征

乡城迁移劳动力就业性别比例差距呈现先缩小后上升的趋势，越来越多男性新生代农民工进入城市劳动力市场。从乡城迁移劳动力看，就业的男性劳动力与女性劳动力的比例差距呈现先缩小后上升的趋势（见图 5－1）。2001—2010 年，就业的男性劳动力与女性劳动力比例差距缩小，原因是制度政策的放活以及老一代农民工进城后逐步获得稳定的工资后，越来越多的女性也进城务工就业，农村劳动力迁移从最初的个体进城转变为举家进城。2010 年后，就业的男性劳动力与女性劳动力比例差距扩大，由于制度政策的进一步放活以及工农劳动生产率的差异，更多的农村男性青壮年劳动力以及 20 世纪 80 年代后期出生的新生代农民工逐步进入城市劳动力市场就业。经验证据表明，新生代农民工中男女性别比呈现男多女少的特点。以 2016 年为例，乡城迁移劳动力就业的男女性别比为 1.24。老一年农民工逐渐退出历史舞台，越来越多男性新生代农民工进入城市劳动力市场。与本地城镇劳动力与城城迁移劳动力相比，女性乡城迁移劳动力比例在 2010 年最高。但 2016 年女性乡城迁移劳动力比重快速下降，原因是 2016 年男性新生代农民工逐步成为城市劳动力市场的主力，新生代农民工正处于从个体进城的时期。这也进一步表明女性乡城迁移劳动力流动的代际性。

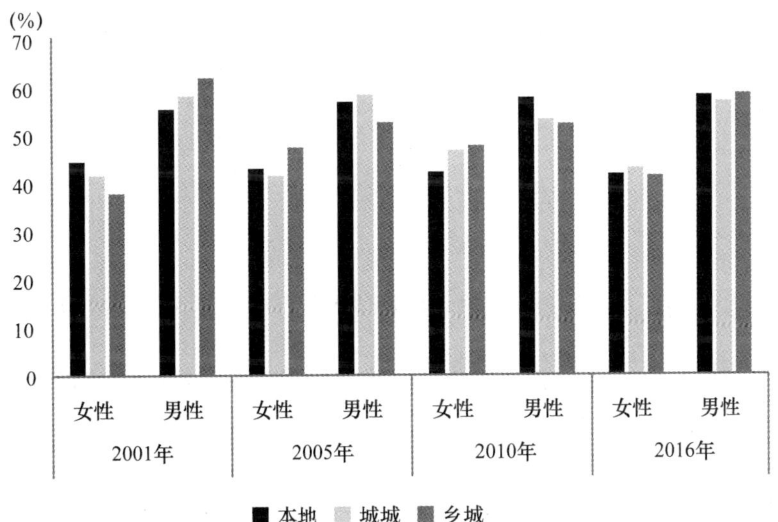

图 5-1　劳动力就业性别分布情况

数据来源：中国社会科学院人口与劳动经济研究所中国城市劳动力调查。

进一步分城市看，乡城迁移劳动力男女性别比在绝大多数城市的大多数年份始终大于1（见图5－2），这表明城镇劳动力市场中农民工就业长期以来以男性为主。这一结论也与农村劳动力流动的特征规律相对应。一般来说，按照传统的中国家庭观念男主外女主内，早期农村男性劳动力外出务工，女性劳动力留乡种地。

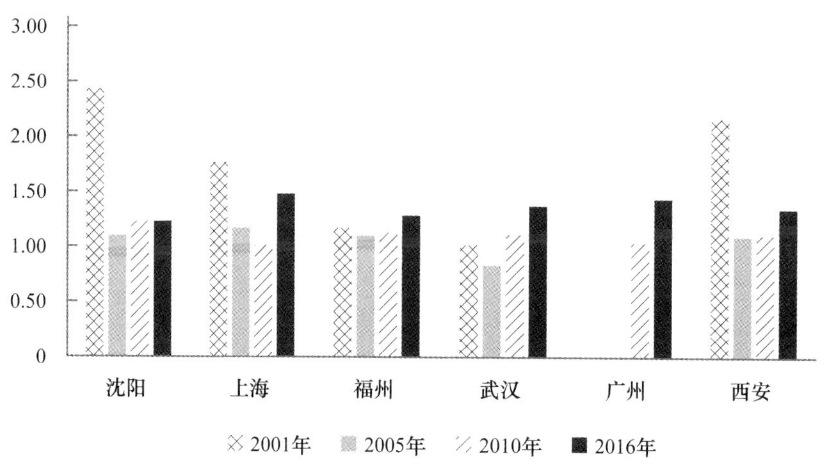

图5－2 分城市乡城迁移劳动力就业男女性别比情况

数据来源：中国社会科学院人口与劳动经济研究所中国城市劳动力调查。

乡城迁移劳动力就业年龄显现年轻化（见图5－3）。2001年，乡城迁移劳动力的就业年龄以出生在20世纪80年代前为主；2005年，乡城迁移劳动力的就业年龄特征与2001年基本一致，1965—1980年出生的劳动力仍超过六成；2010年，出生在80年代的劳动力占比快速增加。70年代出生的劳动力占比虽然较高，但与2005年相比减少了8.22个百分点。2016年，80年代出生的劳动力占比首次超过70年代出生的劳动力占比，90年代出生的劳动力数量也逐步增加，反映了乡城迁移劳动力就业年龄的年轻化，这也与已有研究相一致。① 从整体上看，乡城迁移劳动力的就业年龄显现年轻化，出生在80年代的新生代农民工逐渐成为城市劳动力市场的主力军，老一代农民工逐步退出城市劳动力市场。不同于本地城镇劳动力和城城迁移劳动力，城城迁移劳动力年龄始终以31—40岁中青年劳动力为主，本地城镇劳动力始终以41—50岁青壮年为主。

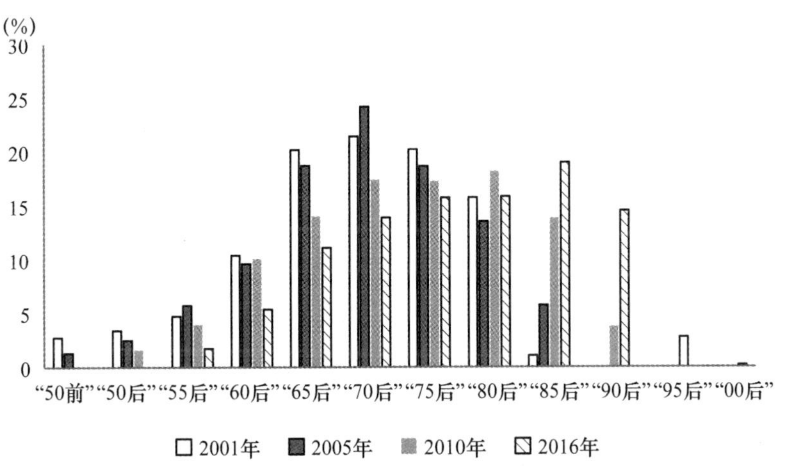

图5-3　乡城迁移劳动力就业年龄分布情况

数据来源：中国社会科学院人口与劳动经济研究所中国城市劳动力调查。

① 梁宏：《生命历程视角下的“流动”与“留守”——第二代农民工特征的对比分析》，《人口研究》2011年第7期。

劳动力就业平均受教育程度快速上升，非农户籍迁移劳动力与农业户籍迁移劳动力的受教育程度差距在缩小（见图5－4）。本地城镇劳动力与乡城迁移劳动力受教育程度差距比先上升后下降再上升。城城迁移劳动力因具有较高的人力资本水平，其受教育程度与乡城迁移劳动力受教育程度具有较大的差距。2001年，城城迁移劳动力与乡城迁移劳动力的受教育程度差距比为1.40，2005年虽然有所回落但2010年这一比重再次有所上升。2016年这一比例进一步下降。

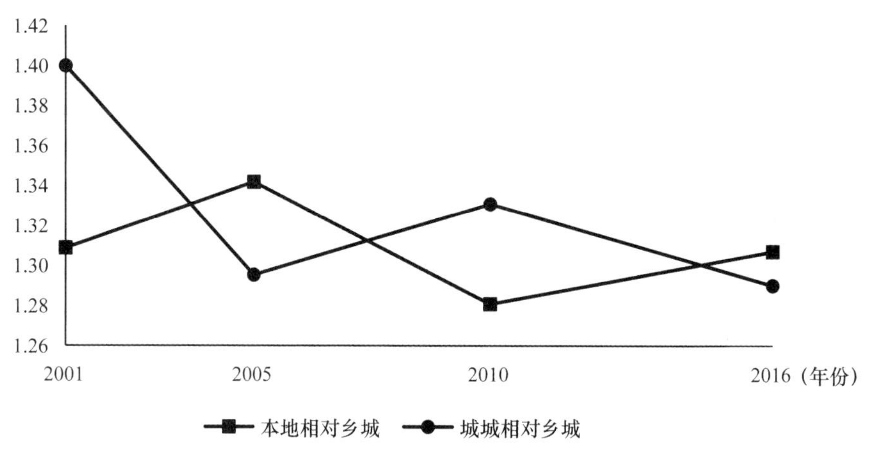

图5－4　农业户籍与非农户籍受教育程度差距

数据来源：中国社会科学院人口与劳动经济研究所中国城市劳动力调查。

接受过高等教育的乡城迁移劳动力比例快速上升（见图5－5）。从乡城迁移劳动力受教育程度的分布情况上看，乡城迁移劳动力受过大专及以上教育的比重从2001年的1.51%增加到2005年3.05%后快速增加到 2010 年的 10.78%，9 年间增加了 9.27 个百分点。2016 年乡城迁移劳动力受过大专及以上教育的比重更是首次突破了 20%，达到了 21.92%。虽然，十几年来乡城迁移劳动力中受过大专及以上教育的比例快速增加，但与本地城镇劳动力和城城迁移劳动力的差距仍然较大。例如，2016 年本地城镇劳动力城城迁移劳动力受过大专及以上教育的比例均超过 50%，与乡城迁移劳动力的差距超过 30%。

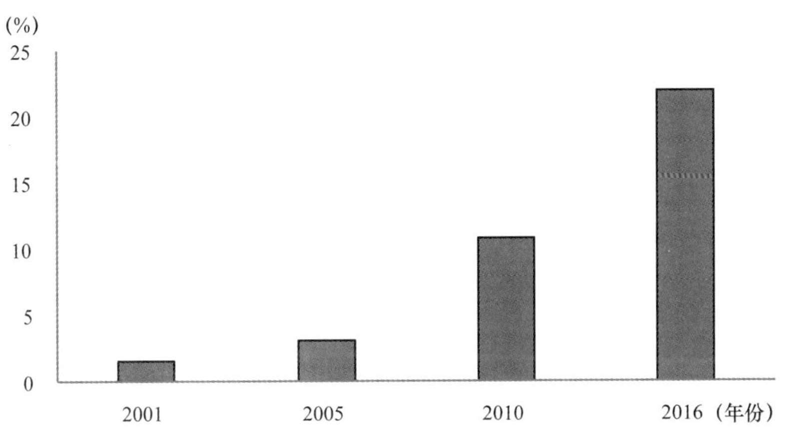

图 5－5　乡城迁移劳动力受高等教育比例

数据来源：中国社会科学院人口与劳动经济研究所中国城市劳动力调查。

乡城迁移劳动力人力资本水平在不同城市之间存在明显差异（见图 5－6）。分城市看，各个城市乡城迁移劳动力的受教育程度均呈现不断上升的趋势。从年平均增长率上看，福州市乡城迁移劳动力的年平均增长率最高，上海和西安次之。从绝对水平上看，乡城迁移劳动力受教育程度在不同城市间存在差异。具体来说，西安长期以来具有较高人力资本水平的乡城迁移劳动力，福州和上海乡城迁移劳动力的受教育程度的提升幅度较大。武汉和沈阳的乡城迁移劳动力长期处于较低的人力资本水平。

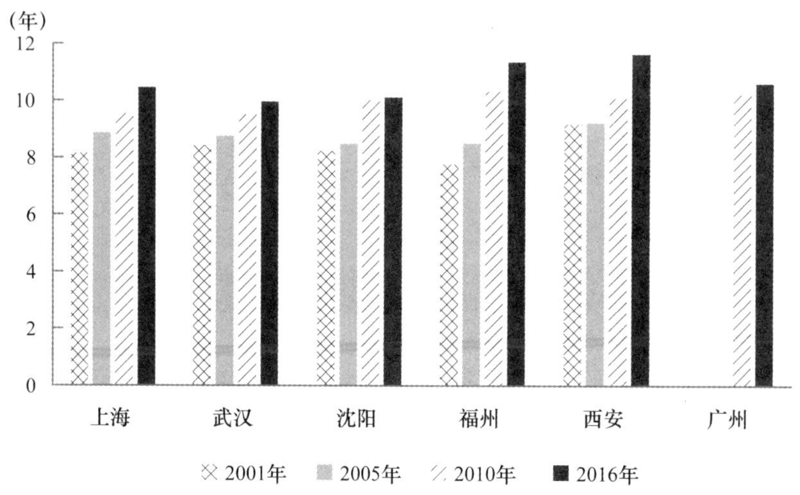

图 5－6　分城市乡城迁移劳动力受教育程度情况

数据来源：中国社会科学院人口与劳动经济研究所中国城市劳动力调查。

（二）就业结构变化

1. 行业分布与结构特征

不同于本地城镇劳动力和城城迁移劳动力，乡城迁移劳动力就业行业主要以制造业和批发零售餐饮业为主，且呈现周期性特征。乡城迁移劳动力 2001 年主要从事的行业是制造业、批发零售餐饮业，所占比重

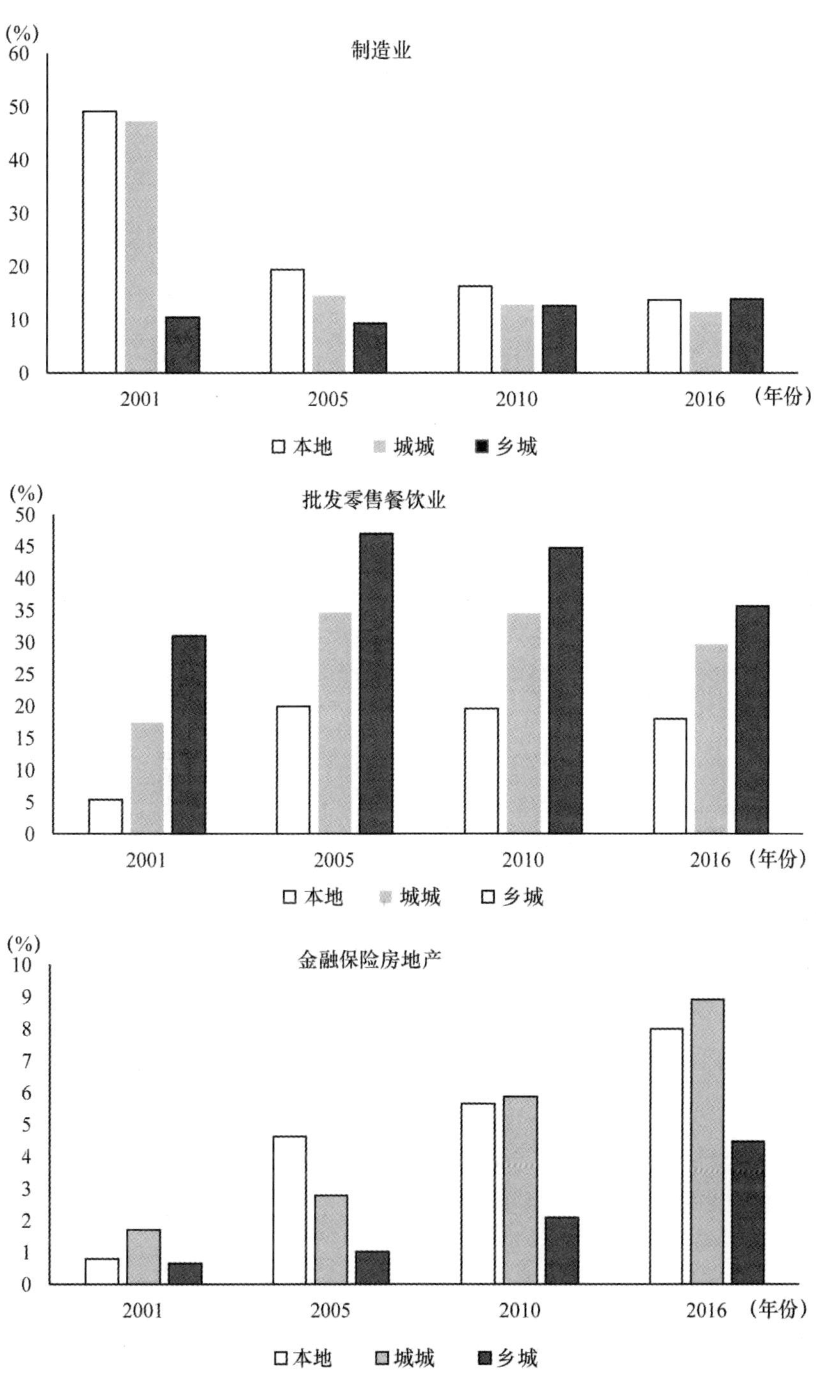

图 5－7 劳动力就业行业分布情况

数据来源：中国社会科学院人口与劳动经济研究所中国城市劳动力调查。

分别为10.42%和30.98%。2005年乡城迁移劳动力就业行业中批发零售餐饮业的就业比重快速增长，批发零售餐饮业的就业比重增加到46.97%，制造业就业比重有所回落。2010年和2016年乡城迁移劳动力的主要就业行业仍是批发零售餐饮业，但就业比重有所回落，可能的原因是老一代农民工逐步退出城镇劳动力市场，新生代农民工逐步进入城镇的制造业等部门，导致制造业就业比重有所上升。此外，乡城迁移劳动力中从事金融保险房地产业的比重也呈现不断上升，这也与乡城迁移劳动力的受教育程度提升紧密相关。总的来看，乡城迁移劳动力就业行业分布以制造业和批发零售餐饮业为主，这也与已有研究的结论相一致。[1] 而本地城镇劳动力和城城迁移劳动力就业行业则呈现从以制造业为主转向制造业和生活性服务业并重的转变。尤其是，本地城镇劳动力和城城迁移劳动力在第三产业中劳动生产率较高的金融保险房地产业的就业比重也在不断上升。

人力资本较高水平的乡城迁移劳动力在劳动生产率高的行业就业（见图5-8）。从乡城迁移劳动力就业行业的受教育程度分布上看，从事劳动生产率较高的行业如金融保险服务业的平均受教育程度明显高于

① 朱明宝、杨云彦：《近年来农民工的就业结构及其变化趋势》，《人口研究》2017年第9期。

从事制造业、批发零售餐饮业的乡城迁移劳动力。2001 年，从事金融保险房地产业的乡城迁移劳动力平均受教育程度为 10.69 年，分别高出制造业、批发零售餐饮业 1.44 年和 2.59 年。虽然，2005 年从事金融保险房地产业的与从事制造业、批发零售餐饮业的乡城迁移劳动力平均受教育程度差距有所缩小，但 2010 年和 2016 年从事高劳动生产率的乡城迁移劳动力与从事低劳动生产率的乡城迁移劳动力受教育程度差距呈现逐步扩大的趋势。

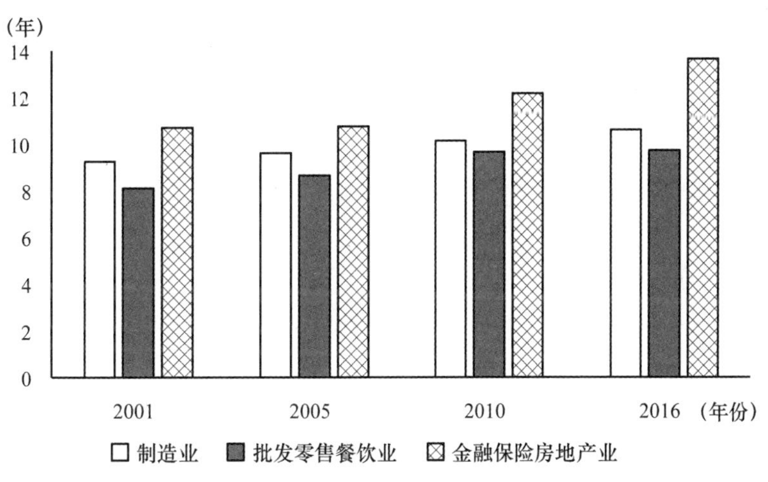

图 5－8　乡城迁移劳动力就业类型受教育程度分布

数据来源：中国社会科学院人口与劳动经济研究所中国城市劳动力调查。

2. 单位类型

乡城迁移劳动力就业类型长期以市场化为主，而本地城镇劳动力和城城迁移劳动力的就业类型逐步实现从国有部门向市场化转变（见图 5－9）。2001 年，

44.95%的乡城迁移劳动力从事个体经营，2005年这一比重更是增加到65.36%。2010年起，从事个体经营的乡城迁移劳动力比重快速下降，在私营企业工作的乡城迁移劳动力比重不断增加。这反映了乡城迁移劳动力就业类型的快速转变。而从本地城镇劳动力和城城迁移劳动力就业类型上看，2001年本地城镇劳动力和城城迁移劳动力的就业类型以国有部门就业为主，体制内就业的比重分别为94.55%和86.02%；2005年和2010年在国有部门就业的本地城镇劳动力和城城迁移劳动力的比重均有所下降；2016年在国有部门就业的本地城镇劳动力和城城迁移劳动力的比重进一步下降。与此同时，在市场化部门私营单位就业的本地城镇劳动力和城城迁移劳动力的比重逐年增加。

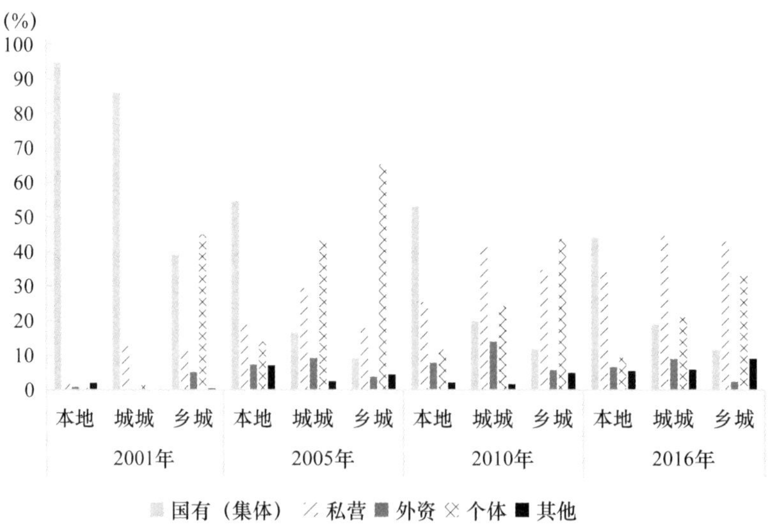

图5-9 劳动力就业的单位类型

数据来源：中国社会科学院人口与劳动经济研究所中国城市劳动力调查。

（三）工资与社会保障

1. 工资水平差距

根据四轮中国城市劳动力调查数据测算，2001—2016 年，无论是本地城镇劳动力，还是城城迁移劳动力和乡城迁移劳动力，其工资水平均呈现快速上升的趋势。这是因为，刘易斯转折点之后，农民工供求关系的转折性变化，乡城迁移劳动力供给短缺推动乡城迁移劳动力工资快速增长。[①] 从工资差距上看，农业户籍劳动力与非农户籍劳动力的工资差距呈现先趋同后扩大趋势。本地城镇劳动力与乡城迁移劳动力工资差距比从 2001 年的 1.30 增加到 2005 年的 1.72 后下降到 2010 年的 1.19（见图 5－10）。这表明 2010 年乡城迁移劳动力的工资水平与本地城镇劳动力的工资水平呈现趋同特征。这一结论也与已有研究的结论相一致。例如，Zhang 等的研究表明，农民工与城镇职工的工资差距存在缩小趋势。[②] 蔡昉和都阳的研究表明，2010 年劳动力市场上已经出现了系统的工资趋同现象，意味着刘易斯转折点的到来。[③]

---

① 都阳：《农民工工资上涨的喜与忧》，《人民论坛》2018 年第 19 期。

② Zhang D. D., Meng X and Wang D. W., "The Dynamic Change in Wage Gap between Urban Residents and Rural Migrants in Chinese Cities", PMMA Working Paper, 2010.

③ 蔡昉、都阳：《工资增长、工资趋同与刘易斯转折点》，《经济学动态》2011 年第 9 期。

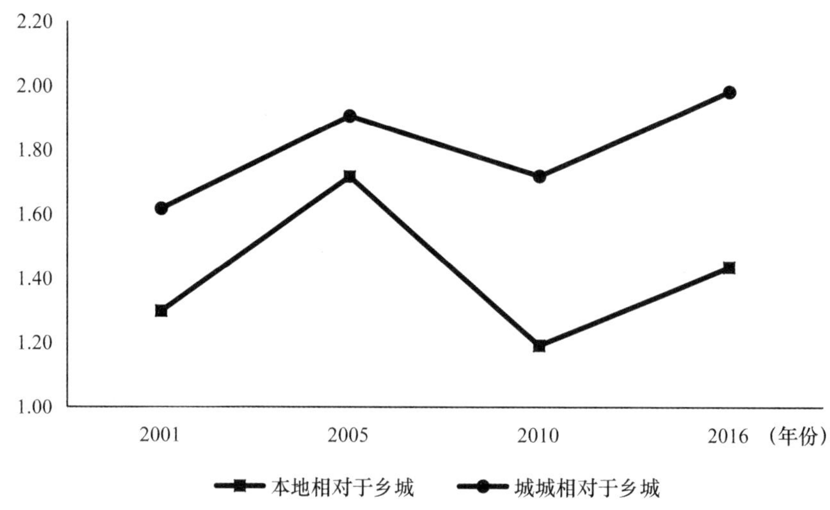

图 5-10 农业户籍与非农户籍小时工资水平差距

数据来源：中国社会科学院人口与劳动经济研究所中国城市劳动力调查。

2010 年以来，乡城迁移劳动力与本地城镇劳动力的工资差距又呈现扩大趋势。尤其是，城城迁移劳动力因具有较高的人力资本水平，其与乡城迁移劳动力的工资差距较大。2010 年城城迁移劳动力与乡城迁移劳动力的工资差距比 2005 年虽有所回落，但仍达到 1.72，2016 年工资差距比为 1.98，更是达到历年的新高。乡城迁移劳动力在城镇劳动力市场上普遍受到工资歧视，以及职业分割、部门分割和行业分割及非正规就业的影响，导致了乡城迁移劳动力工资水平低于城镇职工工资水平。①

---

① 邓曲恒：《城镇居民与流动人口的收入差异——基于 Oaxaca-Blinder 和 Quantile 方法的分解》，《中国人口科学》2007 年第 2 期；吕炜、杨沫、朱东明：《农民工能实现与城镇职工的工资同化吗?》，《财经研究》2019 年第 2 期。

2. 社会保障覆盖

乡城迁移劳动力的社会保障程度最弱。从变化趋势上看，乡城迁移劳动力的社会保障覆盖率呈现逐步上升的趋势。但从横向比较上看，乡城迁移劳动力的社会保障覆盖率与本地城镇劳动力和城城迁移劳动力相比，仍具有较大差距（见图 5－11）。2001 年，乡城迁移劳动力拥有职工养老保险的比重仅为 2.29%，拥有职工医疗保险的比重仅为 1.39%，远低于本地城镇劳动力和城城迁移劳动力的社保覆盖率。2005 年，虽然乡城迁移劳动力的社会保障程度有所提升，但是乡城迁移劳动力的社会保障覆盖率仍然较低，与本地城镇劳动力和城城迁移劳动力的差距仍然较大。2010 年，乡城迁移劳动力城镇职工基本养老保险覆盖率虽然进一步提升，但低于本地城镇劳动力和城城迁移劳动力 50.80 个百分点和 28.53 个百分点；乡城迁移劳动力的城镇职工基本医疗保险比重也低于本地城镇劳动力和城城迁移劳动力 49.38 个百分点和 26.75 个百分点。2016 年，乡城迁移劳动力拥有城镇职工基本养老保险和职工基本医疗保险的比重仍与本地城镇劳动力和城城迁移劳动力差距较大。具体来说，本地城镇劳动力和城城迁移劳动力与乡城迁移劳动力拥有职工基本养老保险差距比分别为 2.25 和 1.90，拥有职工基本医疗保险差距比分别为 2.28 和 2.00。

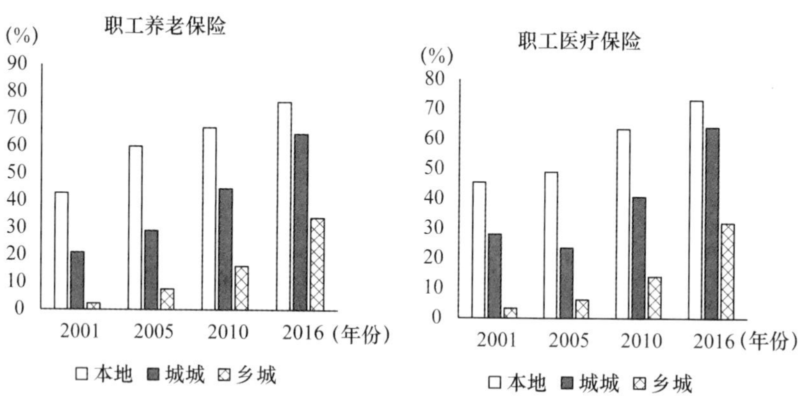

图5-11　不同类型劳动力职工养老保险和职工医疗保险分布情况

数据来源：中国社会科学院人口与劳动经济研究所中国城市劳动力调查。

（四）家庭消费与生活水平

在从城乡分割到城乡一体化的过程中，乡城迁移劳动力在获得稳定就业的基础上，将会产生更高层次的需求。乡城迁移劳动力与本地城镇劳动力、城城迁移劳动力的消费差距缩小，是乡城迁移劳动力生活方式的变化，也是城乡一体化的重要组成部分。基于此，本章在这一部分以家庭消费为视角，分析不同类型劳动力家庭消费情况以及消费结构的差异。考虑到2001年的数据可得性，本部分数据年份范围为2005—2016年。

1. 家庭人均总消费情况

乡城迁移劳动力与本地城镇劳动力家庭人均总

消费[①]差距逐渐在缩小（见图 5－12）。乡城迁移劳动力的家庭人均总消费最低，从 2005 年的 5194. 85 元增加到 2016 年的 36871. 23 元，年平均增速为 13. 96%。本地城镇劳动力与乡城迁移劳动力的家庭人均消费差距比逐年下降。城城迁移劳动力与乡城迁移劳动力的家庭人均消费差距比从 2005 年的 1. 66 增加到 2010 年的 1. 77 后有所回落。

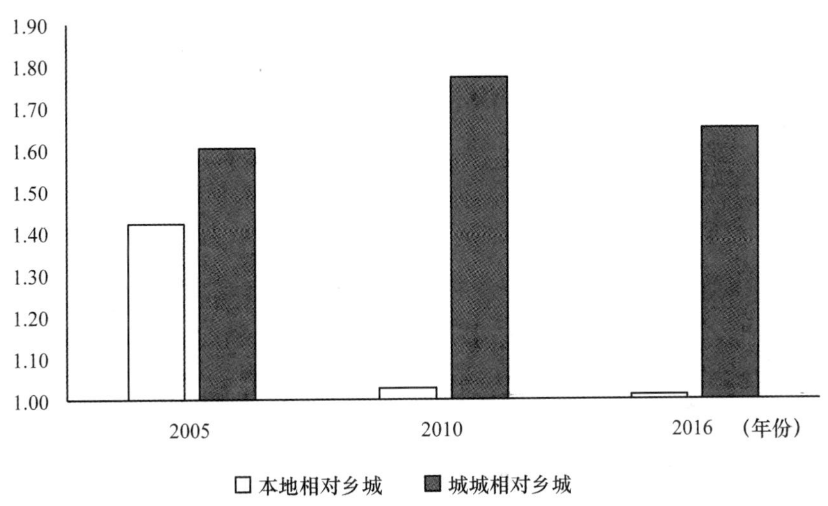

图 5－12 农业户籍与非农户籍家庭人均总消费差距情况

数据来源：中国社会科学院人口与劳动经济研究所中国城市劳动力调查。

2. 家庭人均住房支出情况

乡城迁移劳动力人均住房支出增速明显，与城城迁移劳动力人均住房支出水平差距减少（见图 5－

---

① 总消费中包含住房支出，因此显示出本地住户消费低于城城转移户的消费。

13）。与城城迁移劳动力相似，乡城迁移劳动力进入城市后都有住房需求，人均住房支付水平增加。从住房支出相对水平上看，乡城迁移劳动力的住房支出一直高于本地城镇劳动力，但与城城迁移劳动力住房支出差距较大。近年来，城城迁移劳动力相对于乡城迁移劳动力的住房支出差距在缩小。

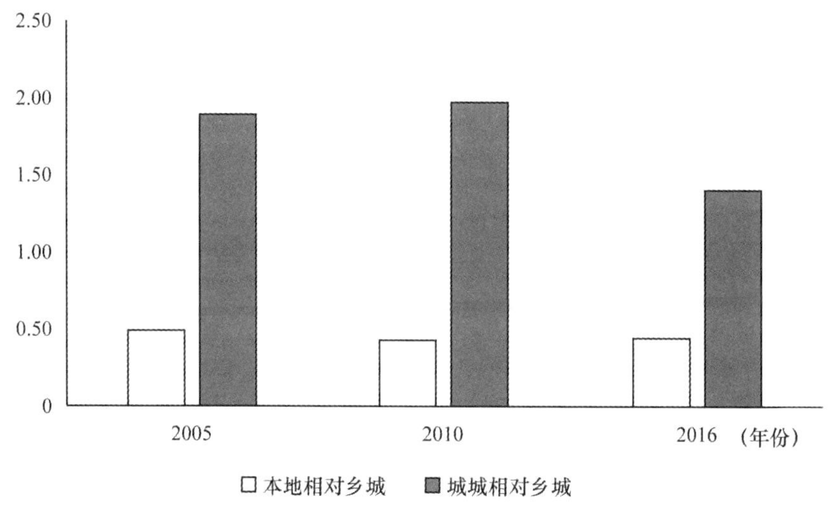

图 5－13　农业户籍与非农户籍家庭人均住房支出差距情况

数据来源：中国社会科学院人口与劳动经济研究所中国城市劳动力调查。

3. 家庭人均食品支出及恩格尔系数情况

乡城迁移劳动力与本地城镇劳动力人均食品支出趋同，与城城迁移劳动力人均食品支出水平差距减少（见图 5－14）。食品支出作为生存型消费支出的典型代表，乡城迁移劳动力人均食品支出逐年上升。与本地城镇劳动力相比，乡城迁移劳动力人均食品支出水平基本趋同；而与城城迁移劳动力相比，乡城迁移劳动力的人均食品支出差距在不断缩小。

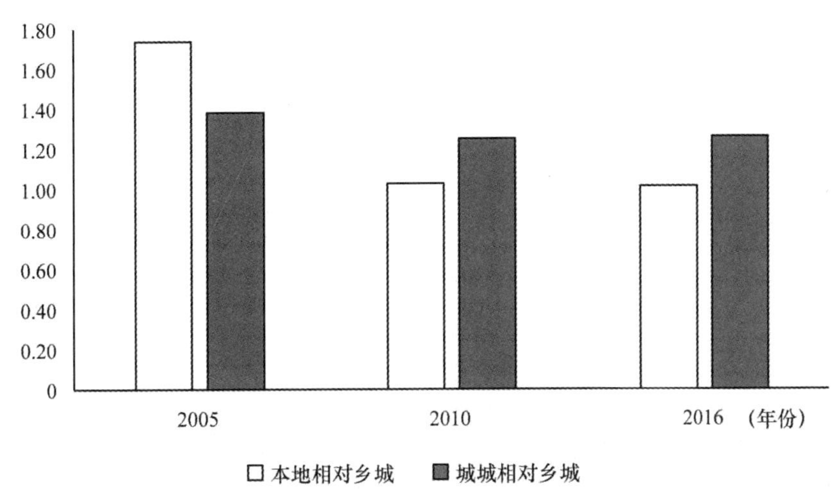

图 5 – 14　农业户籍与非农户籍家庭人均食品支出差距情况

数据来源：中国社会科学院人口与劳动经济研究所中国城市劳动力调查。

乡城迁移劳动力生活水平实现显著改善（见图 5 – 15）。恩格尔系数反映的是食品支出占消费支出总额的比重，根据联合国粮农组织的标准，恩格尔系数在 59% 以上为贫困、50%—59% 为温饱、40%—50% 为小康，30%—40% 为富裕，低于 30% 为最富裕。乡城迁移劳动力的恩格尔系数从 2005 年的 36.53% 下降到 2016 年的 26.65%。考虑到本地城镇劳动力与城城迁移劳动力、乡城迁移劳动力在人均住房支出具有明显差异，我们进一步计算了去除住房支出后的恩格尔系数。去除住房支出后的乡城迁移劳动力恩格尔系数仍呈现下降的趋势，从2005年的46.89%下降到2016年的33.63%，这表明乡城迁移劳动力生活水平逐步得到了改善。

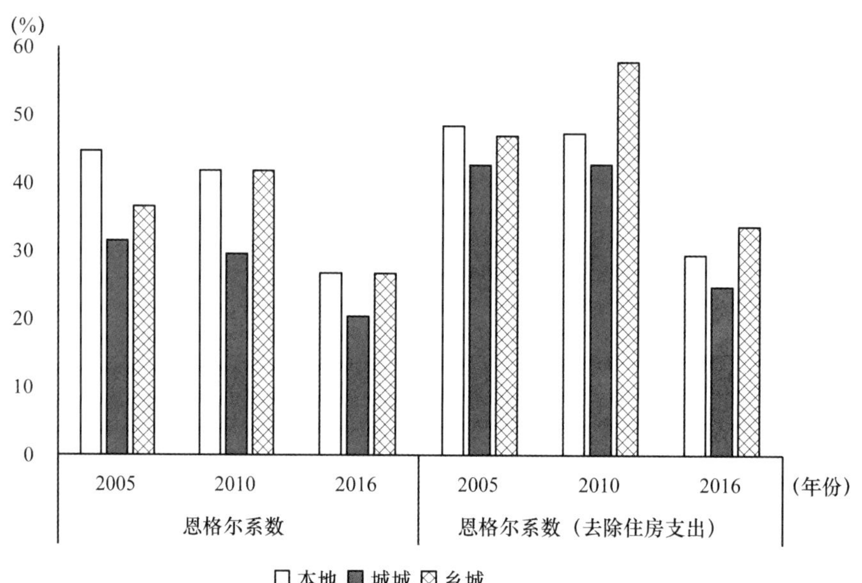

图5－15 农业户籍与非农户籍恩格尔系数情况

数据来源：中国社会科学院人口与劳动经济研究所中国城市劳动力调查。

乡城迁移劳动力恩格尔系数高于本地城镇劳动力和城城迁移劳动力（见图5－16）。2005年乡城迁移劳动力的恩格尔系数低于本地城镇劳动力。但自2010年起，乡城迁移劳动力的恩格尔系数高于本地城镇劳动力，2016年乡城迁移劳动力与本地城镇劳动力的恩格尔系数的差距进一步缩小。城城迁移劳动力的恩格尔系数一直低于本地城镇劳动力和乡城迁移劳动力。乡城迁移劳动力与城城迁移劳动力恩格尔系数的差距呈现先上升后下降的趋势，这表明乡城迁移劳动力与城城迁移劳动力恩格尔系数的差距近年来不断缩小。

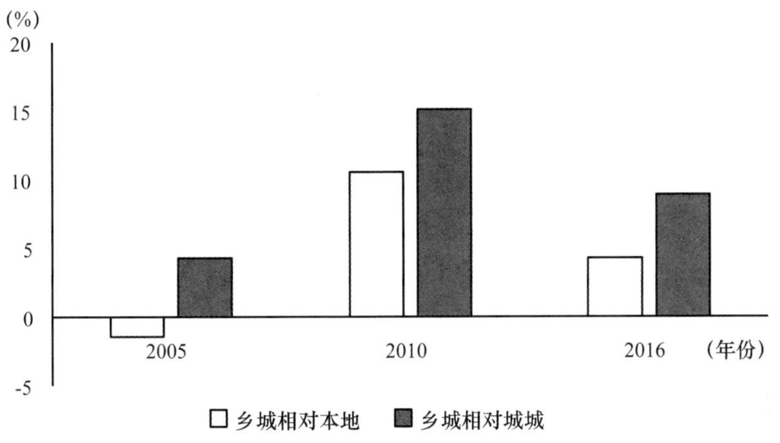

图 5－16 农业户籍与非农户籍恩格尔系数比较情况

数据来源：中国社会科学院人口与劳动经济研究所中国城市劳动力调查。

4. 家庭人均享受型支出情况

乡城迁移劳动力人均享受型消费水平明显低于本地城镇劳动力和城城迁移劳动力（见图 5－17）。享乐型消费是居民生存型消费、发展型消费后更高层次的消费需求。我们选取文化娱乐消费支出作为表征家庭享受型消费的变量分析农业户籍和非农户籍享受型消费的差距。乡城迁移劳动力家庭人均文化娱乐支出从 2005 年的 297.78 元增加到 2016 年的 8960.2 元。本地城镇劳动力和城城迁移劳动力的人均文化娱乐支出也呈现与乡城迁移劳动力相同的快速增长趋势。从人均文化娱乐支出相对水平上看，乡城迁移劳动力人均文化娱乐支出与本地城镇劳动力的差距虽然缩小，但绝对差距仍然较大。城城迁移劳动力具有较高的人均文化娱乐支出水平，与乡城迁移劳动力的差距始终保持在3以上。

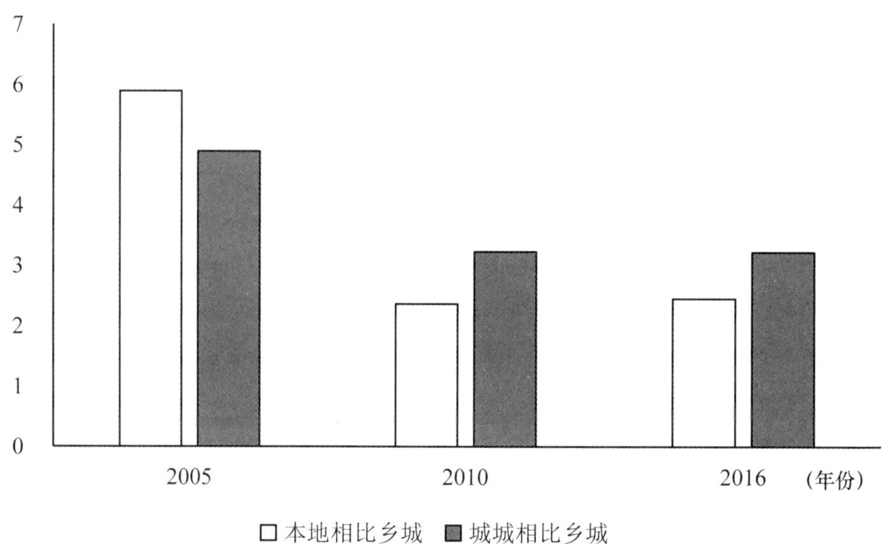

图5-17 农业户籍与非农户籍人均娱乐文化支出差距情况

数据来源：中国社会科学院人口与劳动经济研究所中国城市劳动力调查。

（五）小结与讨论

劳动力流动模式正在从个体进城为主转向举家迁移。20世纪80年代前出生的老一代农民工逐步退出城市劳动力市场，80年代以后出生的男性新生代农民工已经成为乡城迁移劳动力的重要主体。乡城迁移劳动力从个体进城向家庭进城转变，背后是生存理性向谋求更好生活和就业的发展理性转变，是较低层次需求向较高层次需求的转变。

人力资本水平直接影响了乡城迁移劳动力离开农村进入城市生产生活的就业。根据对四轮中国城市劳动力调查数据的分析，乡城迁移劳动力就业的平均受教育程度 15 年来增加了 2. 3 年，人力资本水平稳中有升，越来越多的乡城迁移劳动力接受过高等教育。提高乡城迁移劳动力的人力资本，是实现城乡分割到城乡一体化的基础性因素。具有较高人力资本水平的乡城迁移劳动力，其在城镇劳动力市场中进入较高劳动生产率水平行业的概率越高，获得稳定工资报酬的比例越大。同时，人力资本水平提高也有助于实现乡城迁移劳动力更好地适应产业结构升级，增强其在劳动力市场的就业韧性。未来，需要进一步增强乡城迁移劳动力的人力资本水平，做好就业培训和技能帮扶，不断提升乡城迁移劳动力接受高等教育比例。

农业户籍劳动力与非农户籍劳动力工资差距呈现先趋同后扩大的特征。乡城迁移劳动力与本地城镇劳动力和城城迁移劳动力的工资水平上升，印证了“刘易斯拐点”的到来。劳动力供给数量的减少提升了劳动力市场的工资水平。乡城迁移劳动力与本地城镇劳动力的工资水平呈现先趋同后扩大的趋势。但是，2010 年后乡城迁移劳动力与本地城镇劳动力的工资差距在拉大，一方面是城乡劳动力人力资本水平的差距明显，另一方面是乡城迁移劳动力职业分布固化和高劳动生产率的就业比例较低。例如，乡城迁移劳动力倾向于在市场化的服务部门就业，在高劳动生产率行业的就业比例明显低于非农户籍劳动力，具有较高人力资本水平的乡城迁移劳动力在劳动生产率高的行业就业比例更高。

乡城迁移劳动力在社会保障方面与非农户籍劳动力相比短板明显。乡城迁移劳动力的社会保障覆盖率也明显低于城城迁移劳动力和本地城镇劳动力。未来，要加快完善农民工社会保障体系的建设，逐步缩小农业户籍劳动力与非农户籍劳动力社会保障参保率差距。乡城迁移劳动力与本地城镇劳动力、城城迁移劳动力的消费支出总体趋同，融入城市生活的步伐在加快。乡城迁移劳动力具有相对较高的恩格尔系数，说明其消费结构仍以食品消费为代表的生存型消费为主，享受型消费支出水平不高。未来，要不断完善消费政策、优化消费环境、稳定消费预期，积极挖掘乡城迁移农民工的消费需求潜力。

六　教育回报：有工作机会与更好的工作机会

在经济发展、产业升级和劳动力市场转变的大背景下，教育和人力资本的角色非常重要。从宏观上看，劳动力人力资本水平的迅速增长有助于推动经济飞速发展和转型升级；[①] 从微观上看，更高的教育水平往往带来更好的就业机会，在收入上就体现为更高的教育水平带来更高的收入。劳动经济学中往往用教育回报率来衡量教育给个体带来的收益。教育回报率有年均教育回报率和不同阶段的相对教育回报率，前者表示每接受一年教育得到的劳动力市场回报，后者反映的是不同教育水平劳动力的相对工资差异。教育回报率反映了劳动力市场对不同教育水平劳动力的相对需求，其中需求受到经济发展水平、产业结构和技术进步等

---

① 都阳：《以更高的人力资本水平为新时代的发展提供动力》，《劳动经济研究》2017 年第 6 期。

因素的影响，供给则受到劳动力市场中不同教育水平劳动力供给数量的影响。如果经济发展对劳动力教育水平需求提高，那么教育回报率上升；如果具有高教育水平的劳动力供给增加，那么教育回报率会下降。

本章着重分析所调查的城市劳动力市场上教育回报率的变化，从而反映2001—2016年劳动力市场对教育的相对需求的变化情况。同时还比较了不同性别、不同年龄、不同迁移群体、不同城市的教育回报率变化，以分析经济发展对不同技能群体相对需求的异质性，以及不同城市经济发展对技能需求的差异。

（一）人力资本特征

本章分析对象为正在就业的人群。我们将分析样本界定在16—60岁、调查时上周从事过1小时以上工作的人群，并剔除了受教育水平、性别为缺失的观测值。表6-1是本章所使用样本的描述性统计。共有有效样本32170个，其中2001年、2005年、2010年、2016年分别为6695、7223、10988、7264个。沈阳、上海、福州、武汉、广州和西安的比例分别为16.07%、18.4%、18.36%、19.36%、10.44%和17.37%。调查样本平均年龄为37岁，43%为女性，49%为本地城市户口居民，40%为农村户口居民，11%为外地城市户口居民。分年份来看，样本中外地城市户口比重逐步提高，从 2001 年的 4.44% 提高到 2016 年的 17.97%，本地城市户口比重从 2001 年的 59.61% 下降到 2016 年的 47.98%。

表 6－1 样本描述性统计

		观测值	均值	标准层	最小值	最大值
受教育年限		32170	11.25	3.46	0	22
年龄		32170	37.01	10.03	16	60
性别（1 = 女性，0 = 男性）		32170	0.43	0.50	0	1
小时工资（元）		30710	14.02	21.26	0.01	518.75
户籍情况	本地城市户口	31803	0.49	0.50	0	1
	外地城市户口	31803	0.11	0.32	0	1
	农村户口	31803	0.40	0.49	0	1

数据来源：中国社会科学院人口与劳动经济研究所中国城市劳动力调查。

就业人群受教育年限逐年提高。2001 年、2005 年、2010 年、2016 年所调查城市的就业人群平均受教育年限分别为 10.92、11.60、12.24、12.87 年，2016 相较 2001 年增长 1.95 年（见图 6－1）。2001—2016 年，调查城市劳动力市场的劳动力素质逐步提升。

女性劳动力受教育年限提高更快，男女受教育年限差别逐步缩小并接近。在调查城市，女性劳动力受教育年限略低于男性，但这一差距在随时间缩小。2001 年女性受教育年限较男性低 0.08 年，到 2016 年仅低 0.02 年，男女劳动力平均受教育年限已经极为接近（见图 6－2）。

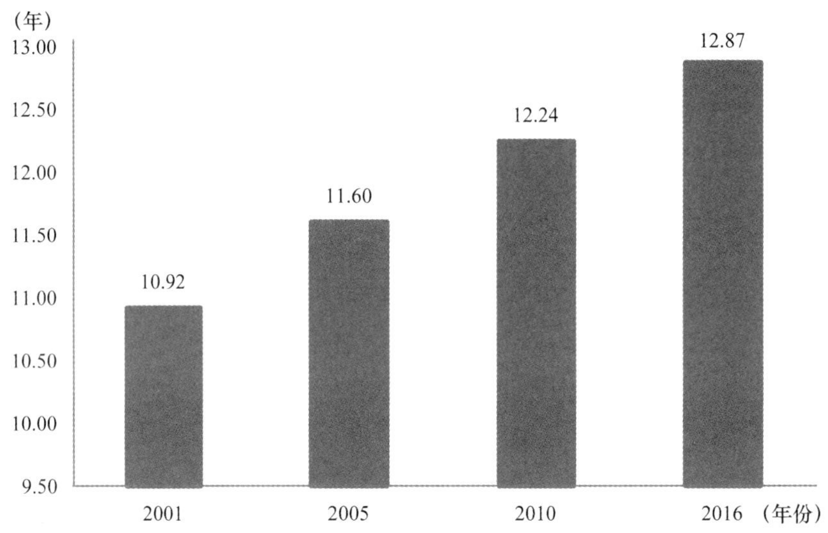

图 6－1 调查样本就业人群平均受教育年限

数据来源：中国社会科学院人口与劳动经济研究所中国城市劳动力调查。

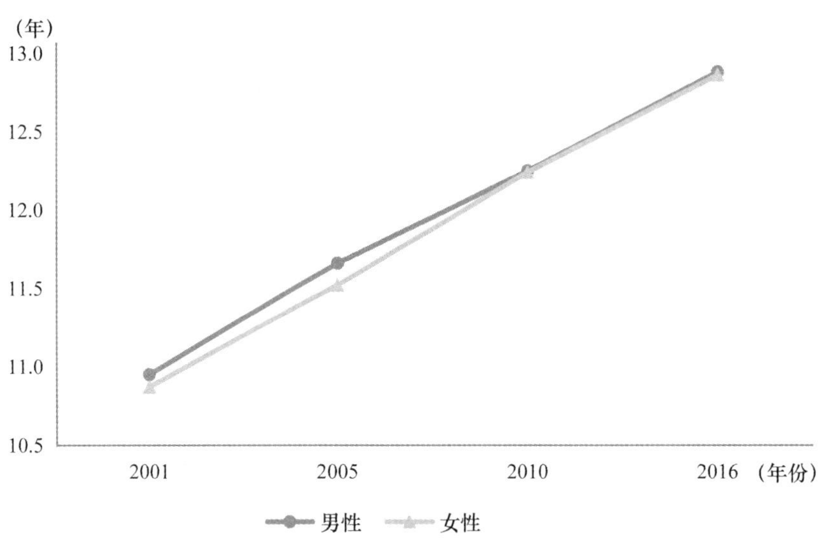

图 6－2 就业人群平均受教育年限（分性别）

数据来源：中国社会科学院人口与劳动经济研究所中国城市劳动力调查。

年轻劳动力受教育水平增长很快。从调查当年各年龄段劳动力的受教育水平来看，青壮年劳动力的受教育水平随年份增长最快［见图6－3（a）］。2001年，25—29岁劳动力平均受教育年限为11.34年，到2016年，在劳动力市场上的25—29岁劳动力平均受教育年限达到14.32年，增长2.98年。30—34岁年龄组别的受教育年限从2001年的10.75年增长到2016年的14.10年，增长3.35年。与之相比，45—49岁、50—54岁年龄组别劳动力的受教育年限在2001—2016年相对稳定，仅分别增长1.03年和0.60年。这表明劳动力的受教育水平随着出生代际的推移在提高，年轻一代劳动力的受教育水平更高。分代际来看，1980年后出生群体受教育年限显著提高［见图6－3（b）］。2001年的劳动力市场上，不同出生代际的平均受教育年限很接近，虽然年轻劳动力受教育年限相对较高，但差别相对较小。但是2016年的劳动力市场上，年轻劳动力与年老劳动力的受教育年限出现巨大差别，1980年后出生的劳动力平均受教育年限已经达到14年，但1970年前出生的劳动力平均受教育年限不到12年。劳动力人力资本水平的快速迭代、迅速增长，是经济飞速发展的重要推动力，也是我国经济持续转型升级的重要保障。

我们同时注意到，即使给定同一出生队列，随着年份推移，留在劳动力市场上的劳动力受教育年限总

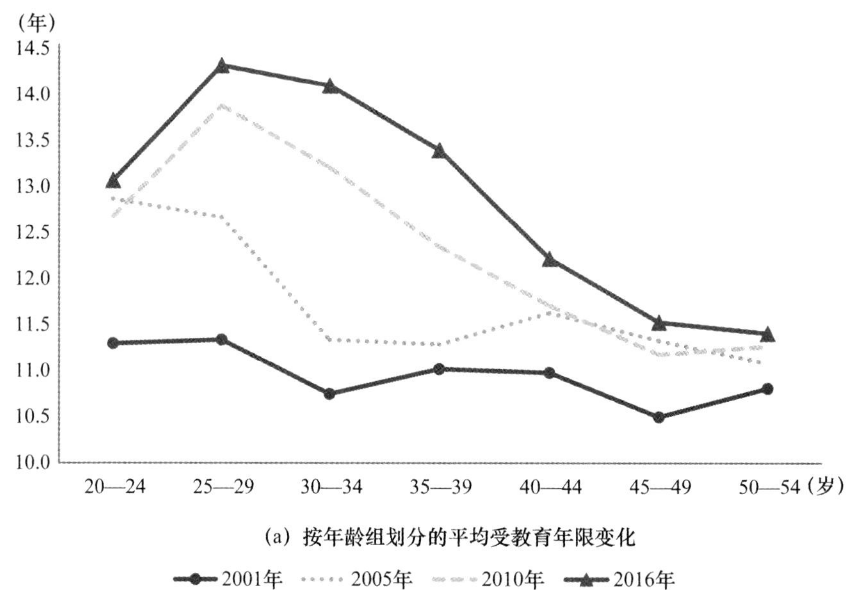

(a) 按年龄组划分的平均受教育年限变化

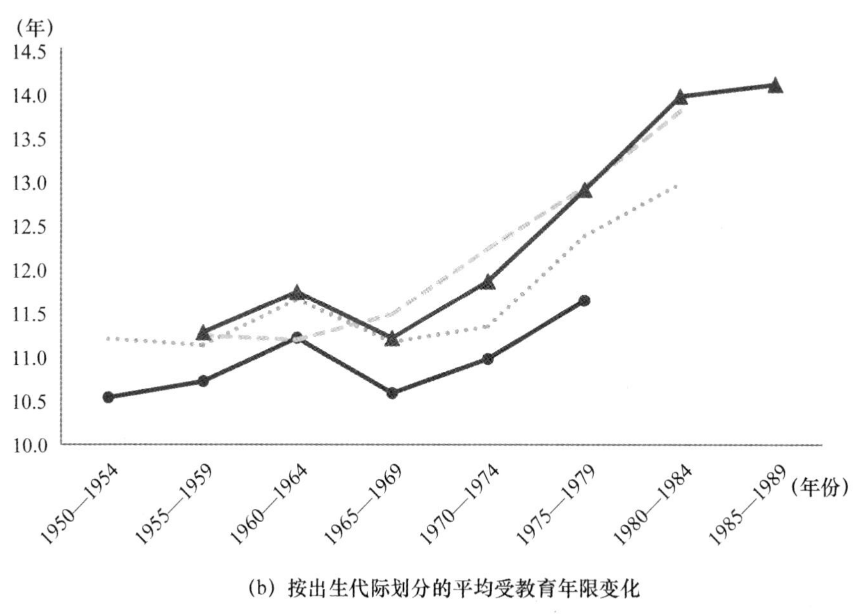

(b) 按出生代际划分的平均受教育年限变化

图 6－3 就业人群平均受教育年限变化（分年龄代际）

数据来源：中国社会科学院人口与劳动经济研究所中国城市劳动力调查。

体上也在提高。这可能是因为随着时间的推移，低技能劳动力更多的退出劳动力市场（包括去世），同时也可能与劳动力继续接受教育有关。对于较早出生队列的劳动力，其受教育年限随年份的提高主要可能是因为低技能劳动力退出劳动力市场；而对于较晚出生队列的劳动力，其受教育年限随年份提高可能主要是因为新增劳动力受教育年限提高。

农村户口劳动力受教育水平最低，外地城市户口劳动力受教育年限增长最快（见图 6 – 4）。农村户口劳动力较本地城市劳动力平均受教育年限约低 3 年。从增长来看，本地城市劳动力受教育年限从 2001 年的 11. 74 年增长到 2016 年的 13. 76 年，增长 2. 02 年。农村户口劳动力受教育年限从 2001 年的 8. 22 年增长到

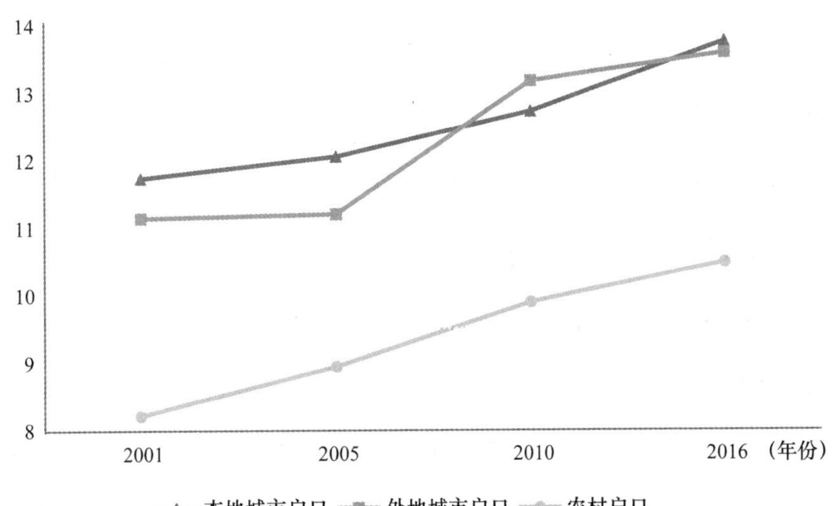

图 6 – 4　就业人群平均受教育年限变化（分户籍类型）

数据来源：中国社会科学院人口与劳动经济研究所中国城市劳动力调查。

2016 年的 10.49 年，增长 2.27 年，增长幅度高于本地城市劳动力。外地城市户口劳动力的受教育年限增长最快，2001—2005 年，外地城市户口劳动力的受教育年限低于本地城市劳动力 0.6—0.8 年，但 2010 年之后，外地城市户口劳动力的平均受教育年限已经接近甚至一度超过本地城市劳动力，2001—2016 年外地城市户口劳动力平均受教育年限提高 2.44 年，增长幅度高于本地城市劳动力和农村户口劳动力。

上海、福州劳动力受教育年限提高更多［见图6－5（a）］。2001 年上海劳动力平均受教育年限从 2001 年的 10.59 年上升为 2016 年的 13.16 年，提高 2.57 年。2001 年，福州城市劳动力平均受教育年限不足 10 年，到 2016 年上升为 13.1 年，上升 3.17 年。与之相比，沈阳、武汉 2001 年的城市劳动平均受教育年限分别为 11.18 年、11.39 年，高于福州、上海，但是到 2016 年，这两个城市劳动力平均受教育年限为 12.93 年、12.41 年，反而低于福州、上海。这在一定程度上说明沈阳、武汉虽然在 2001 年的劳动力人力资本水平储备较高，但是在之后的发展中，对高技能劳动力的吸引不足。西安的劳动力人力资本水平一直维持较高水平，且增长幅度也较大，无论是 2001 年，还是 2016 年，西安的劳动力受教育水平均高于其他城市。从大专以上学历劳动力占比来看，福州、上海增长最快，沈阳、武汉虽然 2001 年初始的比例较高但增长乏力，西安的高技能人才储备在 2001 年和 2016 年均处于较高水平，增长也较快［见图 6－5（b）］。

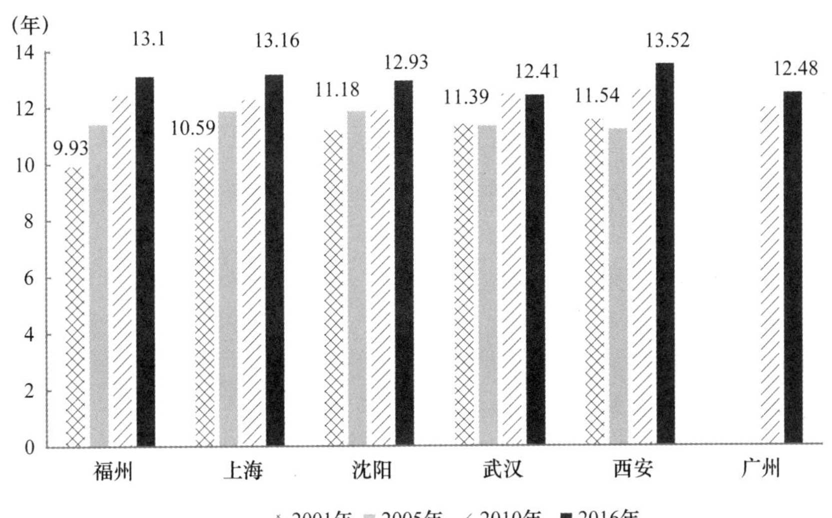

(a) 平均受教育年限变化

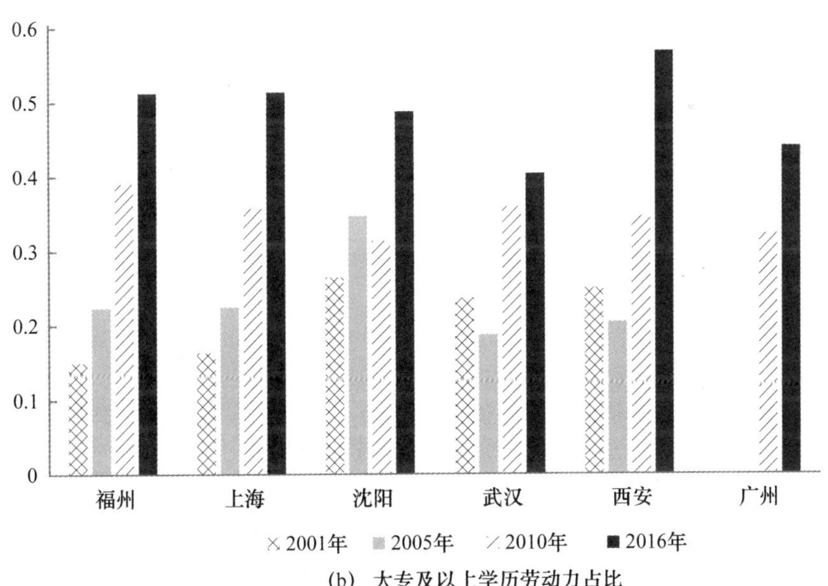

(b) 大专及以上学历劳动力占比

图 6－5　分城市劳动力受教育水平

数据来源：中国社会科学院人口与劳动经济研究所中国城市劳动力调查。

（二）受教育年限的回报率及变化

本部分采用 Mincer 回归方程估计受教育年限的回报，其中因变量为小时工资对数，自变量为受教育年限、性别、经验及经验平方、户籍类型以及城市虚拟变量。

受教育年限回报率在 2001—2010 年上升，2016 年略有下降。从全部样本来看（见表 6－2），每接受一年教育的回报率在 2001 年为 7.75%，之后逐步上升，2010 年上升到 9.78%，但 2016 年有所下降，变为 9.39%。2010 年之前受教育年限回报率的增长表明劳动力市场中对技能的相对需求在提高，即使经历了教育扩招，但由于对技能的相对需求增长更快，教育回报率仍然在逐步提高。

我们的计算结果与已有文献得到的结果接近。市场经济改革以来，我国对高技能人才的需求不断提高，带动着技能溢价不断上升，已有研究发现受教育年限的回报率从 1990 年前后的 2.5%—4% 上升到 2000 年前后的 8%—10%。[①] 2000 年后，我国的教育回报率仍缓慢增

① 李实、丁赛：《中国城镇教育收益率的长期变动趋势》，《中国社会科学》2003 年第 6 期；Zhang，J.，Zhao，Y.，Park，A. and Song，X，"Economic Returns to Schooling in Urban China，1988 to 2001"，*Journal of Comparative Economics*，33（4），2005：730－752。

长，但是近年来教育回报率有所下降，有文献利用 CHIPs 调查 1995—2018 年数据估计得到的教育回报率呈现相对下降的趋势。① 我们计算得到的教育回报率总体趋势与文献接近，推测 2016 年之后的下降可能与经济增长相对乏力、经济结构转型调整、对技能需求结构变化有关。

表 6－2 Mincer 方程估计得到的受教育年限回报

	因变量：小时工资对数			
	(1)	(2)	(3)	(4)
	2001	2005	2010	2016
受教育年限	0.0775 *** (0.00259)	0.0832 *** (0.00266)	0.0978 *** (0.00220)	0.0939 *** (0.00280)
女性	－0.161 *** (0.0132)	－0.202 *** (0.0124)	－0.189 *** (0.0104)	－0.198 *** (0.0138)
经验	0.000163 (0.00218)	－0.00292 (0.00214)	0.0233 *** (0.00178)	0.0328 *** (0.00235)
经验平方	4.57e－05 (5.09e－05)	5.58e－05 (5.05e－05)	－0.000454 *** (4.04e－05)	－0.000714 *** (5.32e—05)
外地城市户口	0.171 *** (0.0417)	－0.106 *** (0.0379)	0.0977 *** (0.0212)	0.135 *** (0.0200)
农村户口	－0.129 *** (0.0199)	－0.216 *** (0.0207)	－0.0454 *** (0.0154)	－0.00432 (0.0185)
上海	0.453 *** (0.0204)	0.668 *** (0.0203)	0.525 *** (0.0176)	0.624 *** (0.0229)
福州	0.259 *** (0.0295)	0.371 *** (0.0319)	0.319 *** (0.0232)	0.347 *** (0.0357)

① 邢春冰、陈超凡、曹欣悦：《城乡教育回报率差异及区域分布特征——以 1995—2018 年中国家庭收入调查数据为证》，《教育研究》2021 年第 9 期。

续表

	因变量：小时工资对数			
	(1)	(2)	(3)	(4)
	2001	2005	2010	2016
武汉	0.0238 (0.0225)	-0.00416 (0.0222)	0.104*** (0.0198)	0.0871*** (0.0259)
广州	—	—	0.587*** (0.0194)	0.386*** (0.0240)
西安	-0.0475* (0.0252)	0.0177 (0.0237)	-0.0534** (0.0211)	0.0644** (0.0297)
Constant	0.768*** (0.0461)	0.789*** (0.0473)	0.905*** (0.0405)	1.492*** (0.0562)
Observations	5906	6834	10553	7088
R-squared	0.316	0.455	0.361	0.363

注：括号中为标准差，*** $p<0.01$，** $p<0.05$，* $p<0.1$。

男性受教育年限回报率总体上升，2010 年后保持稳定，女性受教育年限回报率 2016 年下降（见图 6-6）。总体上看，男性教育年限的回报率高于女性的。从变化趋势来看，男性的教育回报率在 2010 年之前上升，2010 年后相对稳定；女性的教育回报率在 2010 年前呈上升趋势，但 2016 年下降。虽然女性的受教育年限在提高，但是女性教育年限的回报率低于男性，且在 2016 年下降，这可能反映出近年来经济增速放缓对女性的冲击更大。

年老群体受教育年限回报率随年份上升，年轻群体的受教育年限回报率在 2016 年下降明显（见图 6-7）。分年龄组来看，40—49 岁年龄组受教育年限回报

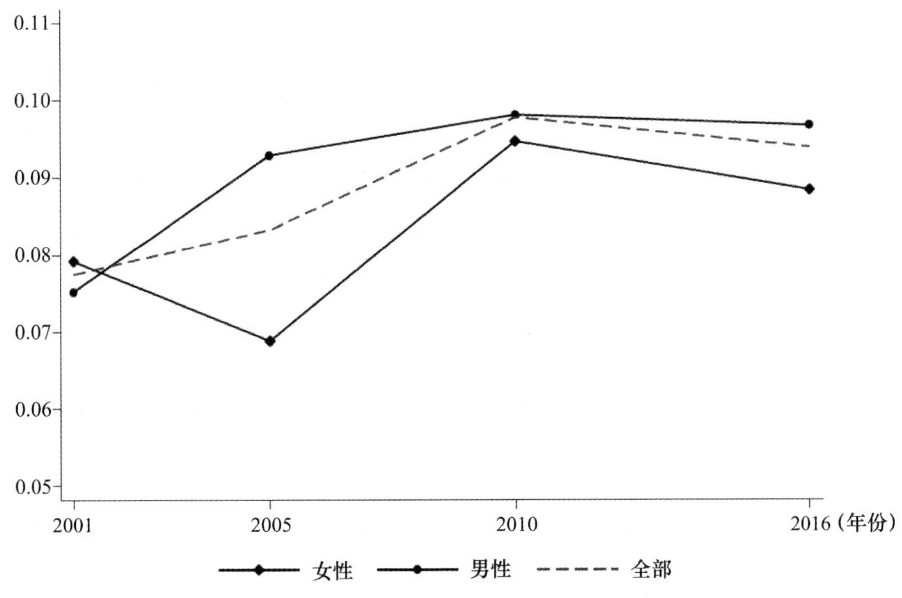

图 6－6 分性别受教育年限回报变化

数据来源：中国社会科学院人口与劳动经济研究所中国城市劳动力调查。

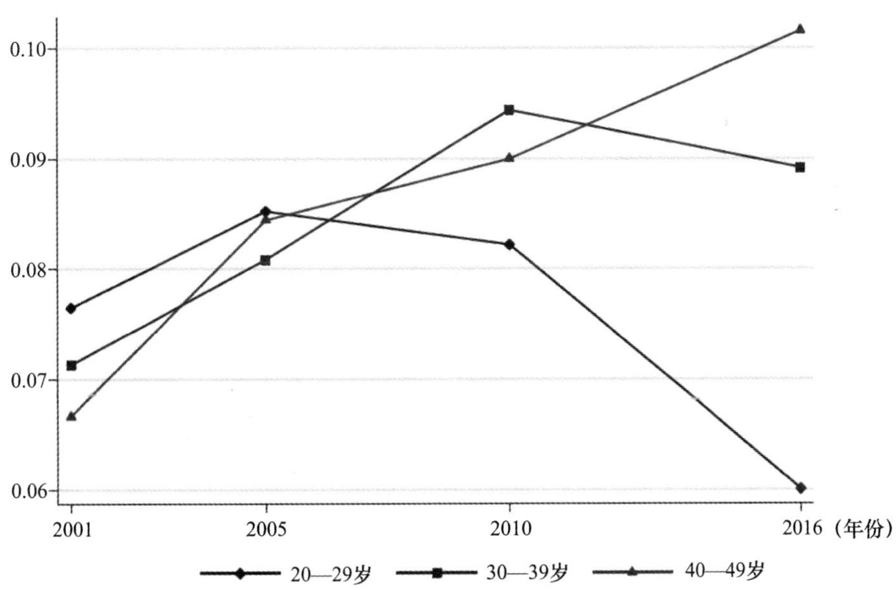

图 6－7 分年龄受教育年限回报变化

数据来源：中国社会科学院人口与劳动经济研究所中国城市劳动力调查。

率在整个观测期均上升；30—39 岁年龄组的受教育年限回报率在 2001—2010 年是上升的，但是 2016 年有所下降；而 20—29 岁年龄组的受教育年限回报率在 2001 年和 2005 年呈上升态势，但是 2010 年有所下降，2016 年则大幅下降。分代际来看，1980 年前出生人群受教育年限回报率逐年上升，1980 年后出生人群的受教育年限回报低于 1980 年前出生群体，且在 2016 年呈现明显下降（见图 6 - 8）。年轻群体的教育回报率下降可能与供给和需求侧因素均有关。供给侧主要是由于教育扩招导致年轻劳动力受教育水平提高，尤其是大学教育的扩招导致大学生规模增加。其中，1980 年后出生人群直接受到教育扩招的影响，他们的受教

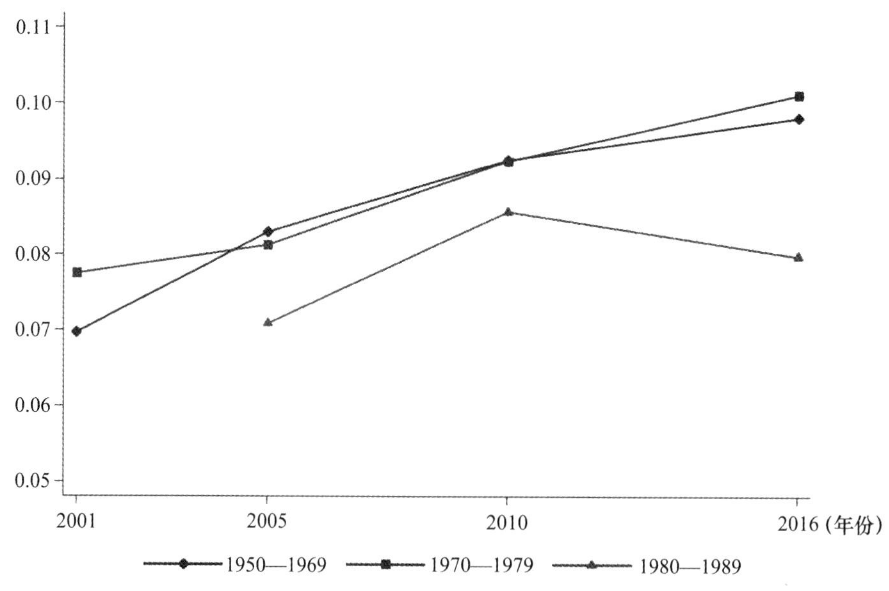

图 6 - 8　按照出生年份划分受教育年限回报变化

数据来源：中国社会科学院人口与劳动经济研究所中国城市劳动力调查。

育水平明显提高，教育供给的增加影响到这一出生队列人群的教育回报率。需求侧因素则可能与近年来经济发展放缓、经济结构调整有关，经济下行对年轻群体的冲击更大，经济增长减速可能导致新增高收入就业机会减少，适合新进入劳动力市场的高技能劳动力的就业岗位减少。

本地城市户口劳动力受教育年限回报率最高，其次是外地城市户口和农村户口劳动力（见图 6－9）。本地城市户口和农村户口劳动力受教育年限回报率随年份逐渐上升，外地城市户口劳动力的教育年限回报率在 2016 年下降。外地城市户口劳动力的教育回报率下降可能与外地城市户口群体受教育水平提高更多有关，但同时也反映出在所调查城市劳动力市场上，本地城市户口和外地城市户口之间仍然存在分割，两种类型劳动力并不是完全替代的。如果二者是可替代的，那么外地城市户口劳动力比重的提高以及外地城市户口劳动力受教育水平的提高同时也会影响到本地城市户口劳动力的收入，2016 年本地城市户口劳动力的教育回报率也会下降，但事实上并没有这样的变化。这可能是由于一些制度性分割因素，也可能与同一教育水平下两种不同类型户口劳动力的其他特征差异有关。

上海受教育年限回报率较高且 2010 年后仍增长，福州、沈阳受教育年限回报率 2016 年下降幅度较大（见图

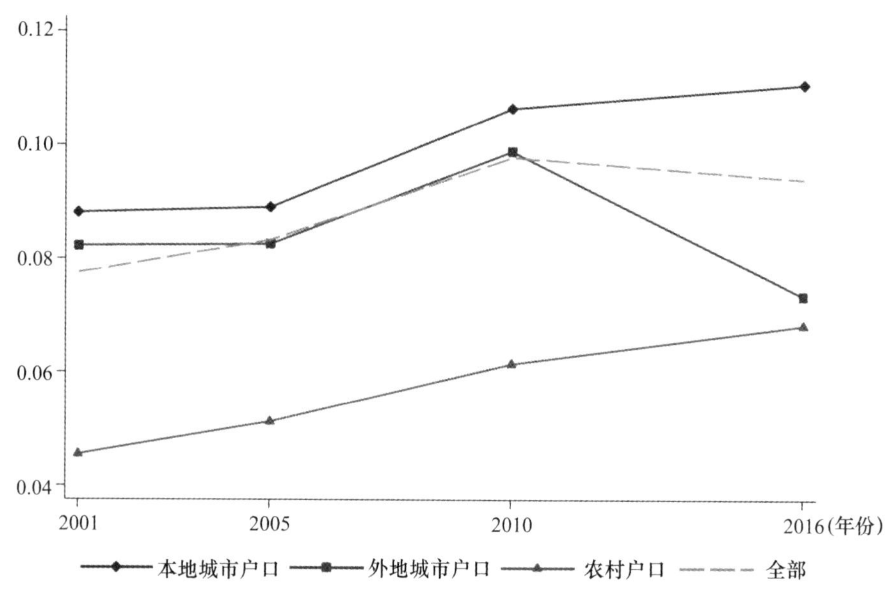

图 6－9 分户籍类型受教育年限回报变化

数据来源：中国社会科学院人口与劳动经济研究所中国城市劳动力调查。

6－10)。2016 年，上海、广州的受教育年限回报率最高，其次是西安、武汉，福州、沈阳的受教育年限回报率最低。从变化趋势来看，武汉、西安的劳动力受教育年限回报率在 2010 年前呈上升趋势，2016 年下降；福州、沈阳两个城市的劳动力受教育年限回报率在 2010 年已经开始下降，2016 年下降幅度更大；而上海劳动力受教育年限回报率在 2016 年则有大幅提升，广州则相对稳定（虽有下降但幅度不大)。城市间教育回报率的差异反映了不同城市对不同技能劳动力的需求差异。上海、广州的教育回报率较高，表明这两个城市的经济发展更偏好高技能劳动力。2010—2016 年的分化则表明上海、广州的经济发展对高技能劳动力保持较高的需求，而沈阳、福州两个城市的发展对技能的需求有下降。

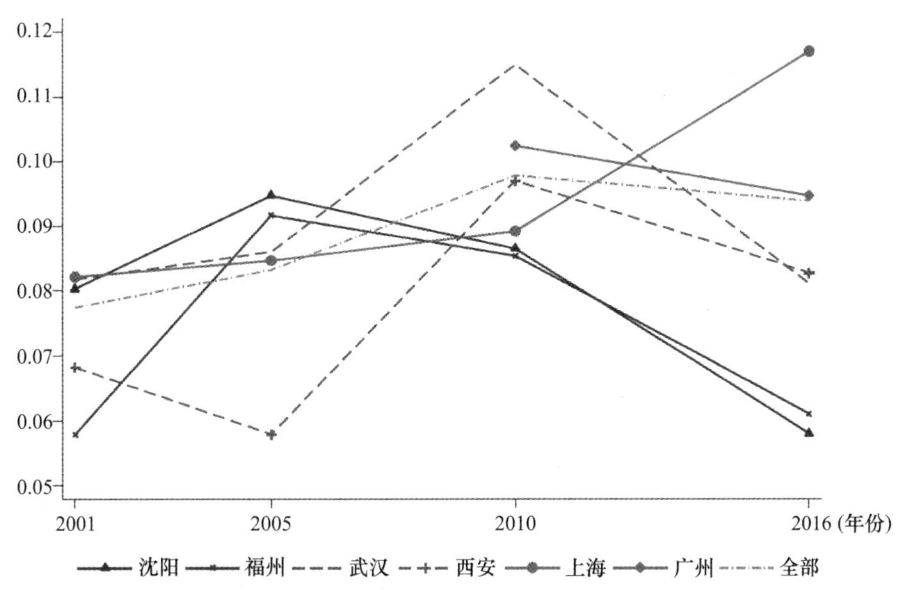

图 6－10　分城市受教育年限回报变化

数据来源：中国社会科学院人口与劳动经济研究所中国城市劳动力调查。

总体上，2016 年劳动力教育回报率下降的城市中（沈阳、福州、武汉、西安），本地城市户口劳动力的教育回报率都下降了，而 2016 年劳动力教育回报率上升或基本稳定的城市中（上海、广州），本地城市户口劳动力的教育回报率是上升的（见图 6－11）。外地城市户口劳动力的教育回报率在沈阳、武汉、上海、广州是下降的，在福州是上升的。具体来说，沈阳劳动力教育回报率的下降是由于所有户籍类型劳动力的教育回报率均下降，福州的下降则主要是由于本地城市户口和农村户口劳动力的教育回报率下降，福州的外地城市户口教育回报率反而上升。而在上海和广州，本地和外地城市户口劳动力的教育回报率出现分化，本地城市户口劳动力教育回报率是上升的，但外地城市户口劳动力教育回报率下降。对于武汉和西安，本地城市户口劳动力教育回报率也下降。

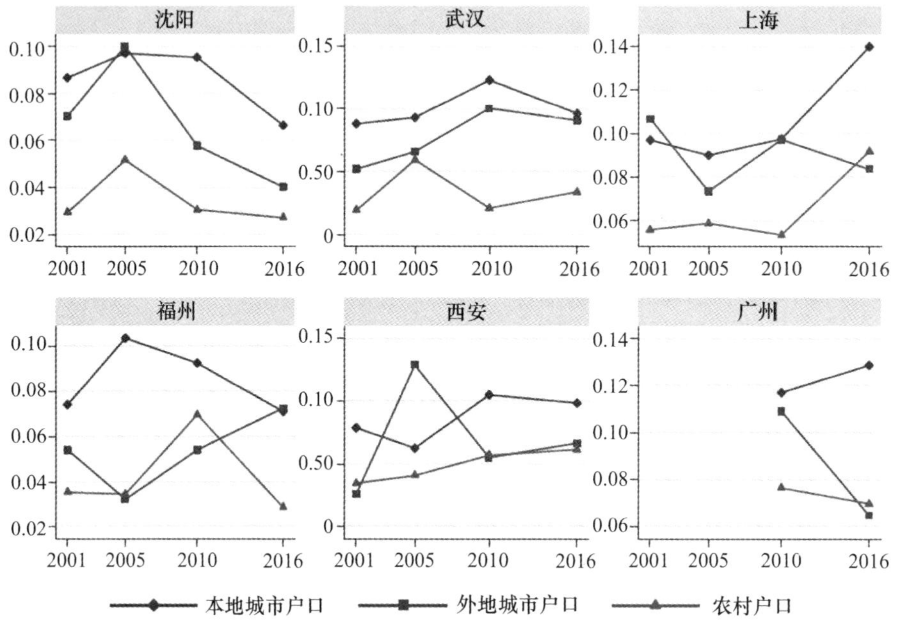

图 6－11　分城市、分户籍类型受教育年限回报变化

数据来源：中国社会科学院人口与劳动经济研究所中国城市劳动力调查。

（三）各教育阶段的回报率及变化

本部分进一步计算分不同教育阶段的回报率，仍然采用 Mincer 方程做回归，将上节回归方程中的受教育年限自变量更换为不同教育阶段的虚拟变量，基准组设为初中及以下劳动力，从而计算得到各教育阶段相对于初中及以下劳动力的教育回报率。表 6－3 给出了本部分所使用的各教育阶段样本数。

表 6－3　**分教育阶段样本数**

	初中及以下	高中	中职	大专	本科	研究生	合计
样本数							
2001 年	2781	1518	515	642	404	46	5906
2005 年	3562	1759	506	567	412	28	6834
2010 年	4098	2584	921	1634	1192	124	10553
2016 年	2051	1248	539	1345	1675	230	7088
合计	12492	7109	2481	4188	3683	428	30381
百分比（%）							
2001 年	47.09	25.70	8.72	10.87	6.84	0.78	100
2005 年	52.12	25.74	7.40	8.30	6.03	0.41	100
2010 年	38.83	24.49	8.73	15.48	11.30	1.18	100
2016 年	28.94	17.61	7.60	18.98	23.63	3.24	100
合计	41.12	23.40	8.17	13.78	12.12	1.41	100

数据来源：中国社会科学院人口与劳动经济研究所中国城市劳动力调查。

受教育程度越高，教育回报率越高（见图 6－12）。各教育阶段回报在 2010 年前总体呈上升趋势，但 2016 年下降，中职和高中的教育回报率差距在缩小。相对于初中及以下学历，高中、中专/职高、大专、本科学历的教育回报率依次提升。从变化趋势来看，各教育阶段的回报率在 2010 年前总体呈上升态势，但是 2016 年各教育阶段的回报率均有下降。相较于高中，中职的教育回报率下降幅度较大，导致中职与高中的教育回报率差缩小，到 2016 年已经很接近。

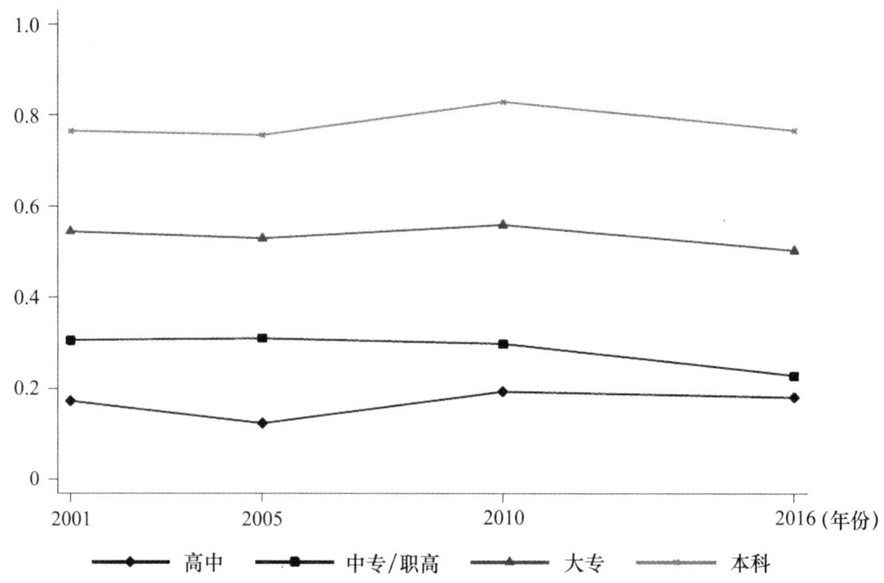

图 6－12 不同教育阶段相对于初中及以下教育的回报

数据来源：中国社会科学院人口与劳动经济研究所中国城市劳动力调查。

我们数据计算的变化趋势与文献一致。已有文献发现，改革开放以来由于对技能需求的增加，中国的高等教育（包括本科和大专）相对于高中的教育回报率从 1992 年的 12% 迅速上升到 2001 年的 38%，[①] 之后高等教育相对于高中的教育回报基本维持在 40%—50%。[②]

① Zhang, J., Zhao, Y., Park, A. and Song, X., "Economic Returns to Schooling in Urban China, 1988 to 2001", *Journal of Comparative Economics*, 33 (4), 2005: 730－752.

② Meng, X., Shen, K. and Xue, S., "Economic Reform, Education Expansion, and Earnings Inequality for Urban Males in China, 1988－2009", *Journal of Comparative Economics*, 41 (1), 2013: 227－244.

随着高等教育扩招，高技能人才的供给逐步增加，导致高等教育回报率增长速度减缓，但由于中国经济发展对高技能人才需求旺盛，尽管高校扩招增加了人才供给，高等教育回报率仍然保持在较高水平。对于2010 年后的变化趋势，有文献利用城镇住户调查数据发现高等教育相对于高中的教育回报率在 2010 年后下降①。我们估计得到的变化趋势与文献一致。

表 6－4　**分教育阶段回归结果**

	(1)	(2)	(3)	(4)
	2001	2005	2010	2016
高中	0.173*** (0.0171)	0.123*** (0.0161)	0.193*** (0.0145)	0.181*** (0.0212)
中专/职高	0.305*** (0.0241)	0.310*** (0.0227)	0.298*** (0.0203)	0.228*** (0.0290)
大专	0.544*** (0.0230)	0.529*** (0.0229)	0.559*** (0.0179)	0.503*** (0.0239)
本科	0.765*** (0.0274)	0.756*** (0.0246)	0.829*** (0.0199)	0.766*** (0.0245)
研究生	0.948*** (0.0678)	1.184*** (0.0676)	1.260*** (0.0449)	1.164*** (0.0406)
Observations	5906	6834	10553	7088
R-squared	0.339	0.480	0.375	0.384

注：括号中为标准差，*** $p<0.01$，** $p<0.05$，* $p<0.1$。回归还控制了性别、经验、经验平方、户籍、城市虚拟变量，表中未报告结果。

① Bai C. E., Liu Q. and Yao W., "Earnings Inequality and China's Preferential Lending Policy", *Journal of Development Economics*, 145, 2020: 102477.

2010 年前，男女性各教育阶段回报率总体呈上升趋势，但是 2016 年下降，女性下降幅度更大（见图 6－13）。2016 年女性在各个教育阶段的回报率都较男性下降幅度更大，与上节女性受教育年限回报率在 2016 年下降幅度更大相对应。

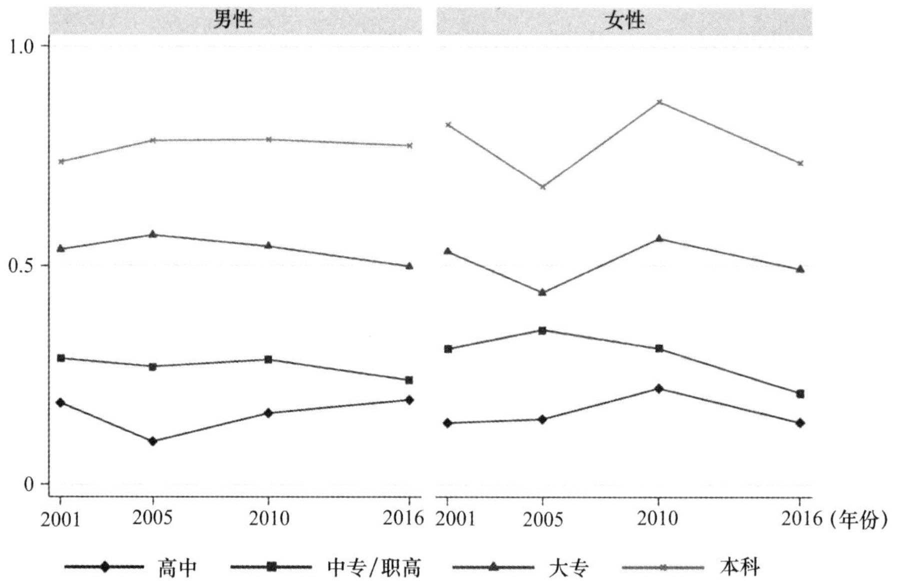

图 6－13　不同教育阶段相对于初中及以下教育的回报（分性别）

数据来源：中国社会科学院人口与劳动经济研究所中国城市劳动力调查。

年轻群体各教育阶段回报率低于年老群体，且下降更明显（见图 6－14）。分年龄组来看，40—49 岁年龄组各教育阶段相对初中及以下的回报率大部分在随时间上升或保持稳定，而 20—29 岁年龄组各教育阶段相对初中及以下的回报率大部分在 2010 年已经下降，且下降幅度较大；30—39 岁年龄组的这一下降趋势在

2016 年开始，且下降幅度较小。从中职教育来看，40 岁以上年龄组，中职教育回报率仍然高于高中的，39 岁以下年龄组中职教育回报率相对于高中的差距已经不明显，尤其是 20—29 岁年龄组中职教育回报率在 2016 年甚至低于高中的。此外，本科与大专的教育回报率差距也呈扩大趋势。

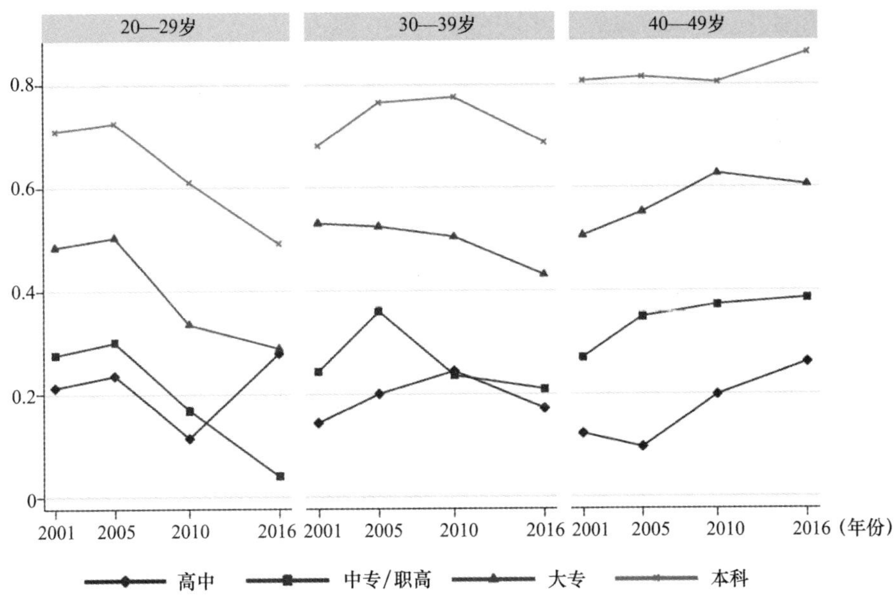

图 6 - 14 不同教育阶段相对于初中及以下教育的回报（分年龄组）

数据来源：中国社会科学院人口与劳动经济研究所中国城市劳动力调查。

分代际看，1980 年后出生群体的中职、大专、本科教育回报率均低于 1980 年前出生群体（见图 6 - 15）。从变化趋势来看，1980 年后出生群体的各教育阶段回报率在 2016 年均有下降，而 1980 年前出生群体则仍呈上升趋势。中职教育回报率呈现明显的代际差异。1970 年后出生群体的中职教育回报率接近高中教育的，但1970年前出生群体的中职教育回报率仍然高于高中的，老一代中职毕业生的教育回报率没有下降，反映了当时中职教育本身的质量或者中职学生生源的质量较高。

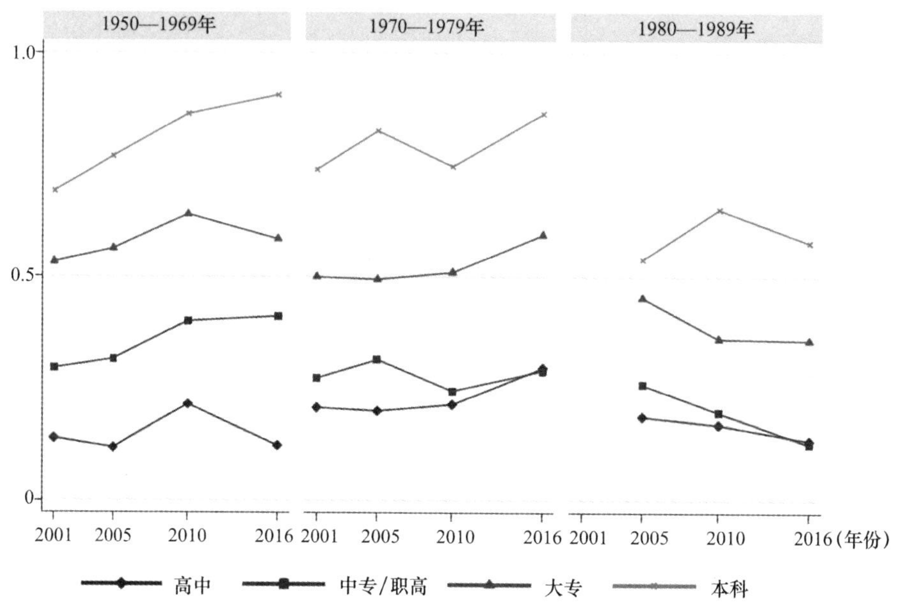

图6－15　不同教育阶段相对于初中及以下教育的回报（分出生年份）

数据来源：中国社会科学院人口与劳动经济研究所中国城市劳动力调查。

外地城市户口劳动力的各阶段教育回报率下降明显，且中职和高中教育回报率趋同（见图6－16）。外地城市户口劳动力各教育阶段回报在2016年下降幅度很大，而大专和本科学历的教育回报率在2010年便已下降。结合上一节结论，可以发现外地城市户口劳动力受教育年限回报率在2016年的下降与这一群体中大专和本科学历回报的下降有关。这可能与外地城市户口劳动力接受大专以上教育的比例近年来大幅提升有关，但是考虑到本地城市户口劳动力接受大专以上教育的比例也大幅提高，本地和外地户口在教育回报率变化趋势上的差异可能还存在其他因素。此外，对于外地城市户口和农村户口劳动力，中职教育回报率与高中的教育回报率差别很小。外地城市户口劳动力中职教育回报率与高中教育回报率相对差距缩小，到 2016 年已经很接近；农村户口劳动力的中职教育回报率在 2016 年甚至低于高中的教育回报率；而本地城市户口劳动力的中职教育回

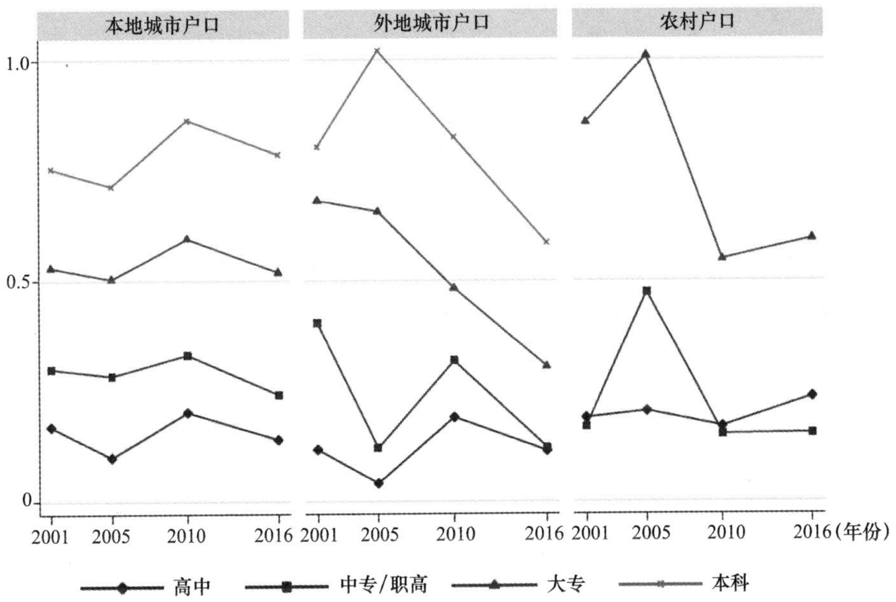

图 6－16　不同教育阶段相对于初中及以下教育的回报（分户籍类型）

注：农村户口组中，“大专”一类同时包括“大专”和“本科”。

数据来源：中国社会科学院人口与劳动经济研究所中国城市劳动力调查。

报率仍然明显高于高中的。有研究认为农村外来劳动力接受高中或中专阶段教育对于工资提升作用很大，而城市劳动力接受大专及以上教育对工资提升作用很大，[①]这里的结果提示需要注意中专阶段教育对收入提升的作用在下降。

沈阳、福州各教育阶段回报均大幅下降，武汉、西安各教育阶段回报在2010年前基本呈上升趋势，2016年有下降，上海各教育阶段回报在2016年仍基本上升，广州各教育阶段回报在2016年相对稳定（见图6－17）。这反映了不同城市发展对技能需求的差异。武汉和西安两个城市在2010年前劳动力教育回报率的上升反映了这一阶段两个城市对技能的相对需求较高。结合不同城市的劳动力受教育水平，2016年教育回报率下降的原因在不同城市有差别。西安和福州的下降可能与劳动力受教育水平大幅提高有关，即高技能劳动力的供给增加导致相对回报下降。而武汉和沈阳的下降则可能与当地经济对高技能需求乏力有关，这两个城市劳动力受教育水平提升较少，尤其是武汉，虽然其本地高等教育学校数量较多，高等教育毕业生较多，但人才外流明显，留在本地的劳动力受教育水平没有明显提升。与之相比，上海的劳动力受教育水平大幅提升，但是教育回报率仍然

① 王美艳：《教育回报与城乡教育资源配置》，《世界经济》2009年第5期。

在上升，反映了上海经济发展对高技能劳动力的强烈需求。此外，上海、广州的中职教育回报率变化有差异，体现了上海的产业转型和产业高端化发展对职业教育学历的相对需求有所下降，而广州作为制造业城市，对职业教育的相对需求仍然较高。

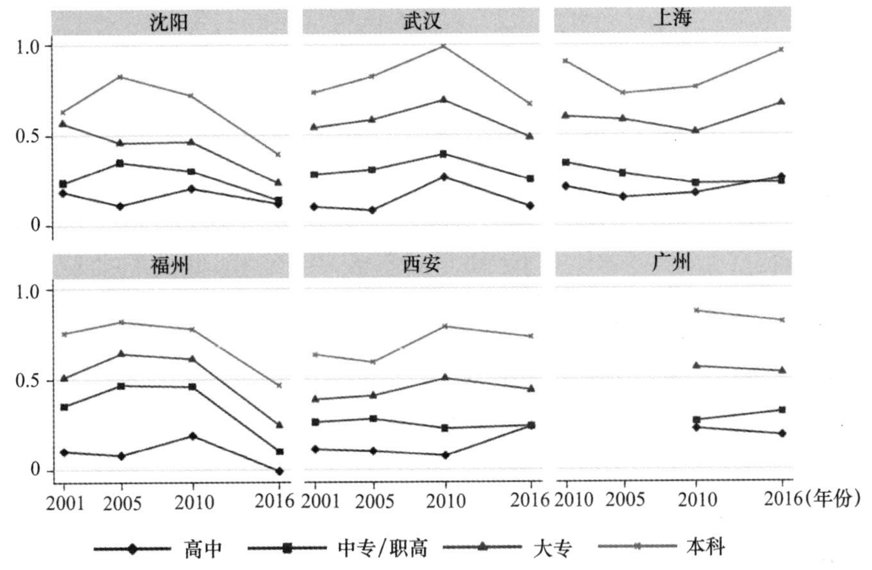

图 6－17　不同教育阶段相对于初中及以下教育的回报（分城市）

数据来源：中国社会科学院人口与劳动经济研究所中国城市劳动力调查。

（四）小结与讨论

21 世纪以来，中国劳动力的人力资本水平不断提升。从所调查城市数据来看，2001—2016 年，就业人群的受教育年限逐步提高，2016 年相较 2001 年增长 1.95 年。分群体看，男性和女性就业者在受教育年限的差别已经很小；年轻一代劳动力受教育水平提高很快，1980 年后出生的劳动力平均受教育年限已经达到 14 年，但 1970 年前出生的劳动力平均受教育年限不到 12 年；农村户口劳动力受教育水平最低，外地城市户口劳动力受教育年限增长最快；上海等城市劳动力受教育年限在 2001 年后的 15 年间提高更多，而沈阳等城市则增幅较小。

较高的人力资本水平会带来更好的就业机会，也会带来更高的收入。如果用教育回报率来衡量，更高的教育回报率意味着提高教育水平带来的工作机会更好、收入更高。从受教育年限回报来看，所调查城市就业人群受教育年限回报在 2001—2010 年上升，2016 年略有下降。从不同教育阶段的回报来看，受教育程度越高，教育回报率越高。从变化趋势来看，各教育阶段回报在 2010 年前总体呈上升趋势，但 2016 年下降。中职和高中的教育回报率差距在缩小，职业教育回报率下降，反映出职业教育质量下降，职业教育并没有带来更好的就业机会。

21 世纪以来，经济发展和技术进步提高了对高技能劳动力的需求，推动劳动力教育回报率不断上升，使得教育能够给人们带来更好的就业机会。虽然经历了教育扩招，但劳动力教育回报率仍然保持较高水平。但是随着经济发展进入新常态，经济增长放缓，劳动力的教育回报率也有所下降。在这一下行阶段，女性、年轻群体、1980 年后出生群体、外地城市户口劳动力受到的冲击更大，教育回报率下降更明显。不同城市之间存在差异。上海的经济发展仍然保持对高技能劳动力的较高需求，教育回报率持续上升，而沈阳等城市则由于经济增长乏力，对高技能劳动力吸引不足，教育回报率也呈下降趋势。这意味着进入新阶段，经济增长减缓会造成就业机会减少，未来需要转变经济增长动能，创造更多更好的就业机会。

进入新时代，中国的经济增长目标已经向高质量发展转变，经济发展质量的提升依赖效率的提升和技术进步，而劳动者人力资本水平的提升是其中的关键。未来进一步提高劳动者人力资本水平，是发展中动能转换的重要环节，也是建设创新型国家的基础。① 这不仅需要加大人力资本投资，更需要注重将人力资本投资与劳动力市场紧密结合，需要统筹发展学前教育、义务教育、高中阶段教育、职业教育和高等教育，而这其中，农村教育、职业教育仍然是发展的短板。

---

① 都阳：《以更高的人力资本水平为新时代的发展提供动力》，《劳动经济研究》2017 年第 6 期。

七　工作转换：劳动力市场效率

工作转换是实现个人职业升级和劳动力市场效率提升的重要途径。理论上并不存在一个统一标准的合意“工作转换”程度，一个运行良好的劳动力市场会存在一定程度的工作转换，并且这样的工作转换可以带来劳动力和工作岗位的更好匹配，但过于频繁的工作转换在一定程度上也可能会折损人力资本。本章将观察过去20年来城市劳动力市场工作转换频率与转换周期的变化，以探讨劳动力市场发育状况。

（一）工作转换频率

从工作转换的作用机理上看，“工作—搜寻”理论认为工作转换使得劳动者在不断的工作搜寻过程中获得与自身人力资本水平更加匹配的工作，而“转换者—停留者”理论认为过多的工作转换使得劳动者无法在固定岗位上积累专有人力资本。[①] 鉴于工作转换可能带来的人力资本折损效应和匹配效应可能刚好相反，所以理论上并不存在一个统一标准的所谓合意的“工作转换”程度，最优的工作转换必定与劳动力市场的发育程度和具体的制度特征以及个人特征相关。[②]

工作转换即体现了劳动力市场的灵活调整，也会体现劳动力市场上的动荡变化。一般来说，完全僵化的劳动力市场不存在工作转换，而面临动荡冲击的劳动力市场会存在频繁无序的工作转换，一个运行良好的劳动力市场会存在一定程度的工作转换，并且这样的工作转换可以带来劳动力和工作岗位的更好匹配。这里尝试进一步观察工作转换发生的情况用以探索劳动力市场上的相应的动态变化和群体表现。

图7－1给出了全部群体（16—60岁）是否发生过工作转换的情况。可以看到，伴随着劳动力市场的从无到有，在2001年，工作转换的发生频率最少（不到16%的劳动力存在工作转换），在2005年工作转换的发生较高（有一半以上的劳动力有工作转换），随后开始回落，相应地体现了劳动力市场建立之初的短暂冲击，以及后逐渐运行效率提升的变化趋势。

---

① 吴愈晓：《劳动力市场分割、职业流动与城市劳动者经济地位获得的二元路径模式》，《中国社会科学》2011年第1期。

② 曲玥：《户籍身份对工作转换及就业状况的影响》，《经济与管理评论》2022年第2期。

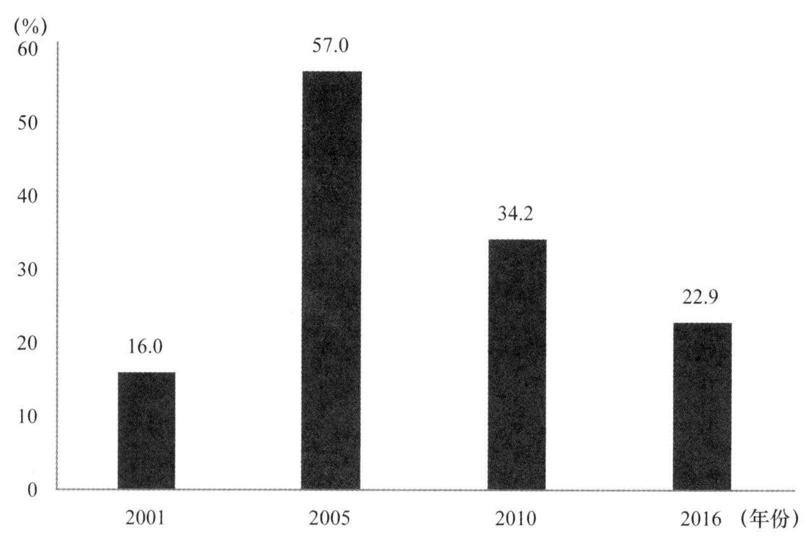

图 7－1 工作转换发生率（16—60 岁）

数据来源：中国社会科学院人口与劳动经济研究所中国城市劳动力调查。

上述的劳动力市场冲击和后续的劳动力市场发展在各个城市的劳动参与率的表现上更得以看到，每个城市都体现出 2001 年工作转换最低，2005 年工作转换最多随后逐年下降的同样趋势。分城市看，当前广州工作转换最高，沈阳最低（见图 7－2）。

表 7－1 再次给出了各个群体工作转换的具体情况，可以看到，总体而言分性别看，除了在 2005 年外，总体上男性的工作转换高于女性；分户籍看，外来劳动力的工作转换更多；2016 年受教育程度不同的群体大致趋同，只有初中群体的工作转换略高；从城市间看，当前东部地区（上海、福州、广州）的工作转换较高，沈阳和西安的工作转换较低。

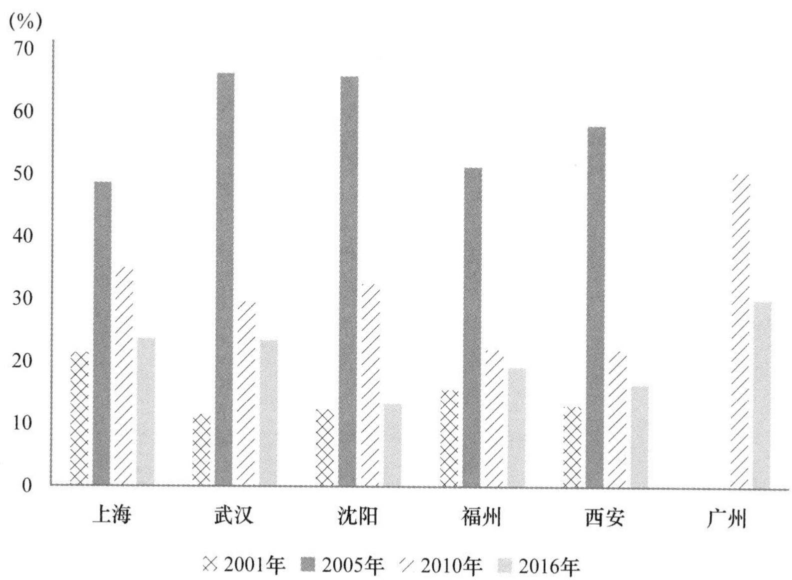

图 7－2　分城市工作转换（16—60 岁）

数据来源：中国社会科学院人口与劳动经济研究所中国城市劳动力调查。

表 7－1　**工作转换的分群体情况（16—60 岁）**

	2001 年	2005 年	2010 年	2016 年
全部	0. 1597	0. 5698	0. 3417	0. 2285
女	0. 1520	0. 6424	0. 3046	0. 1745
男	0. 1677	0. 4951	0. 3814	0. 2846
本地	0. 1596	0. 5673	0. 2771	0. 1843
城城	0. 3033	0. 7564	0. 5558	0. 3124
乡城	0. 1601	0. 6302	0. 6085	0. 3011
小学及以下	0. 0781	0. 8060	0. 4094	0. 2005
初中	0. 1565	0. 6151	0. 3966	0. 2539
高中	0. 1799	0. 5503	0. 3116	0. 2221
大专	0. 1629	0. 6005	0. 3112	0. 2297
本科及以上	0. 1181	0. 4199	0. 3316	0. 2224
16—20 岁	0. 0502	0. 9896	0. 1246	0. 0198
21—25 岁	0. 2170	0. 8049	0. 4516	0. 0951
26—30 岁	0. 2241	0. 4323	0. 3937	0. 2431

续表

	2001 年	2005 年	2010 年	2016 年
31—35 岁	0.1919	0.4438	0.3770	0.3126
36—40 岁	0.1308	0.4116	0.4359	0.3090
41—45 岁	0.1779	0.4158	0.4536	0.3164
46—50 岁	0.1649	0.4679	0.4112	0.3122
51—55 岁	0.1509	0.5232	0.2173	0.1728
56—60 岁	0.0778	0.8102	0.1421	0.0952
上海	0.2134	0.4862	0.3499	0.2363
武汉	0.1146	0.6619	0.2963	0.2339
沈阳	0.1233	0.6575	0.3244	0.1330
福州	0.1557	0.5121	0.2197	0.1917
西安	0.1296	0.5790	0.2194	0.1642
广州	—	—	0.5049	0.3006

数据来源：中国社会科学院人口与劳动经济研究所中国城市劳动力调查。

从工作转换的年龄分布上看（见图 7－3），在 2001 年除男性在年轻时段工作转换略高之外，各群体的工作转换大都不多且比较平衡，在 2005 年工作转换呈现“U”形（年轻和年老群体的工作转换更多），在 2010 年，50 岁之前的群体工作转换基本平稳，50 岁以上群体的工作转换大幅减少；在 2016 年，工作转换的年龄分布呈现出倒“U”形曲线特征，年轻群体的工作转换较低，31—50 岁群体的工作转换最多，50 岁后工作转换又显著减少，尤其是女性。分性别看，男女的工作转换差异加大，男性的工作转换明显高于女性。结合女性参与率较低、失业率较低的表现，大致可以勾勒出女性

在劳动力市场的表现趋稳、僵化的状况。

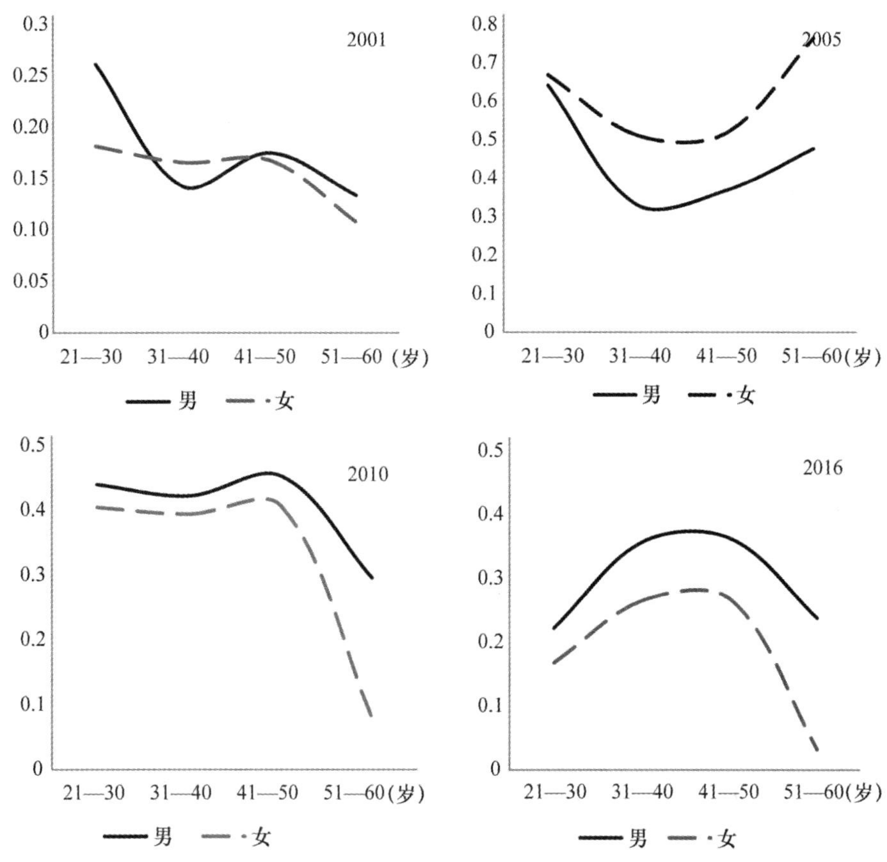

图 7－3　分性别工作转换的年龄分布

数据来源：中国社会科学院人口与劳动经济研究所中国城市劳动力调查。

从分户籍群体的情况上看（见图 7－4），在 2001 年城城转移劳动力明显有更多的工作转换，此后虽然城城转移劳动力的工作转换始终高于本地劳动力，但两个群体在工作转换方面的变化趋势几乎是一致的，即在 2005 年面对劳动力市场的市场化建立，工作转换的发生大幅提高，随后在 2010 年和 2016 年逐渐回落平稳，劳动力逐步在劳动力市场上归位，找寻到新的稳定的位置。而乡城转移劳动力同样在2005年面对劳动力市场的快速发展变化时，工作转换大幅提升，然而随着劳动力市场逐渐发育完善稳定并未能较快地实现工作转换的回落，其在2010年仍然保持着较高的工作转换，直到2016年开始有了明显回落，并且已经与城城转移劳动力的工作转换频次趋同。从这样的变化差异可以看到，面对劳动力市场建立完善的重大变化，所有群体受到了几乎一致的冲击，而随着劳动力市场发育完善，首先恢复的是城市户籍的劳动力，乡城转移劳动力的就业恢复和重构相对滞后，当前所有群体的工作转换均已趋稳，其中本地劳动力的工作转换更少。

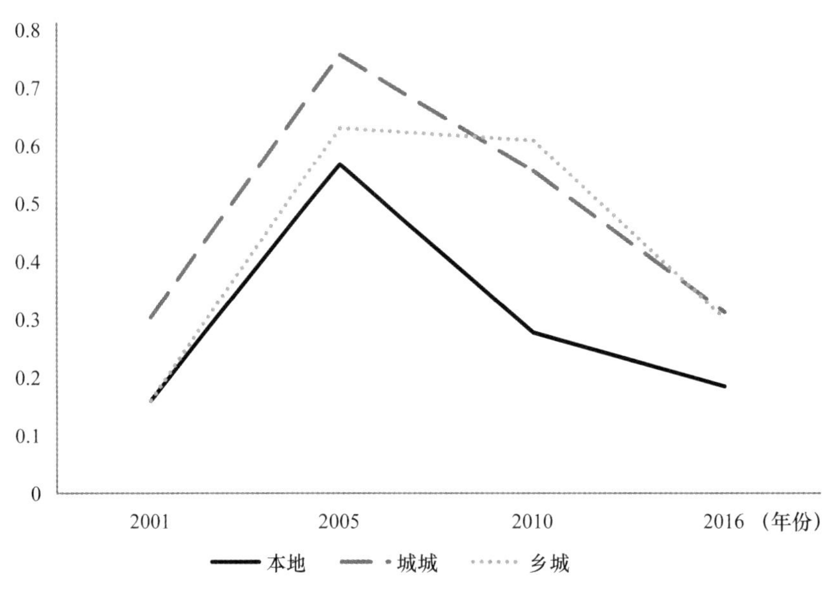

图7-4　分户籍工作转换（16—60岁）

数据来源：中国社会科学院人口与劳动经济研究所中国城市劳动力调查。

分教育组的情况表明（见图 7－5），在 2005 年劳动力市场建立工作转换开始大规模发生时，受教育程度较低的群体受到的冲击更大，小学群体的工作转换发生最高，在面临冲击时基本呈现了受教育程度越高，工作转换的发生越少；与此同时也可以看到，虽然小学群体在面临冲击时的反应更明显，但随着劳动力市场建立恢复和完善，其工作转换的回落也更快，在 2016 年甚至成为工作转换最少的群体，当然这一过程同时也伴随着我国劳动力总体供求态势的变化，对于普通技能劳动者的明确需求和劳动年龄人口减少带来了供给趋缓使得该群体获得就业岗位后相对可以更稳定地持有。当前工作转换发生较多的在初中和大专群体上。

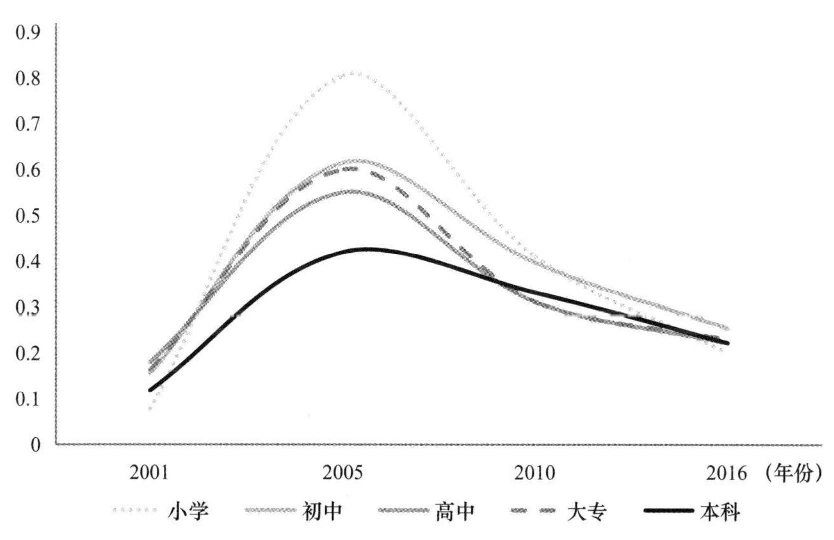

图 7－5　分受教育程度工作转换（16—60 岁）

数据来源：中国社会科学院人口与劳动经济研究所中国城市劳动力调查。

为了全面描述工作转换发生的群体特征以及动态变化特征，这里进一步估算了工作转换发生的影响因素方程。一般来说受教育程度较高的劳动力具有获得较好就业状况的可能性，而不具有当地城市户籍在一定程度上限制其可能较好就业状况的实际获得。对于这样的群体来说，通过工作转换可以在一定程度上尝试寻求到更合意并符合其人力资本水平的就业。

从附表3的估算结果得以看出，2005年女性的工作转换频率明显更高，2010年后男性的工作转换频率更高，并且差距在扩大；控制住其他因素后，2005年面对劳动力市场的变化，大致体现出受教育程度提高，工作转换频率降低，体现了这一时期较高人力资本获得较稳定就业，工作转换更多体现了工作不稳定导致的被动转换，这一特征在2010年仍然存在，但效应有所减弱；在2016年则表现为受教育程度居中群体（小学和初中）的工作转换频率更高，在一定程度上体现了主动工作转换的匹配效应有所增强；外来劳动力的工作转换频率始终较高，但与本地劳动力的差距逐渐减小，有所趋同。

（二）工作转换周期

对应工作转换的发生，这里进一步刻画观察工作转换的周期。同工作转换的发生相似，理论上并不存在最优的工作转换周期，频繁快速的工作转换可能意味着劳动力市场运行无序动荡，而过长的转换周期可能对应僵化的劳动力市场，合意的主动寻求更优匹配的工作转换对应劳动者较为谨慎的抉择以及容易在有限的时期内得以实现更优匹配。

通过了解工作转换周期的情况，结合工作转换以及劳动参与率和失业率的特征可以进一步刻画劳动力市场的总体变化以及群体特征的变化。图 7 - 6 的结果显示，在 2001 年、2005 年、2010 年和 2016 年平均的工作转换周期分别为 0. 6 年、1. 07 年、0. 36 年和 1. 7 年。以 2010—2016 年的情况来看，对应工作转换发生的减少，工作转换的周期变长，工作转换的决策更为谨慎。在劳动力市场运行良好的背景下，工作转换更多体现了对高质量就业要求更高，劳动力的就业需求

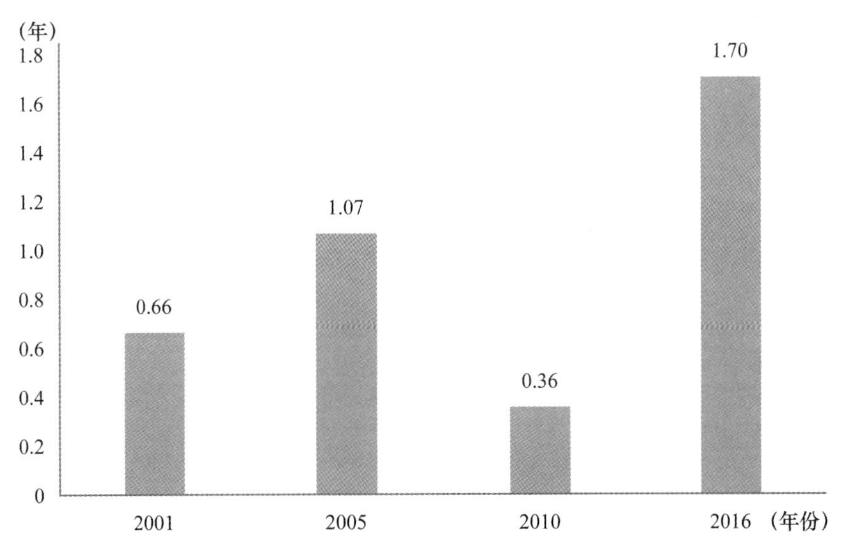

图 7 - 6　工作转换周期（16—60 岁）

数据来源：中国社会科学院人口与劳动经济研究所中国城市劳动力调查。

从“有工作”升级至“有好工作”，相应的匹配需求难度加大，转换周期更长。

表7－2给出了分群体的工作转换周期情况。如果以2016年劳动力市场已经逐渐发育完善的时期来观察，分性别来看，女性的工作转换周期始终高于男性，在2016年女性的工作转换周期为2年左右，男性为1.5年；本地劳动力的工作转换周期更长；受教育程度居中的群体转换周期更长；年龄较大者转换周期更长；受教育程度居中的（初中和高中）群体较之受教育程度两端的（小学及以下和大专及以上）群体工作转换周期更长，从分城市的情况来看沈阳和西安工作转换周期更长。那么从单一的维度上看，这些工作转换周期更长的群体较之转换周期更短的群体在劳动力市场上的灵活性更差。

表7－2 转换周期的分群体情况

年份	2001	2005	2010	2016
全部	0.6617	1.0665	0.3555	1.7032
女	0.7619	1.1393	0.4778	1.9944
男	0.5664	1.0086	0.2415	1.5170
本地	0.6574	1.0717	0.3952	2.2231
城城	0.6773	1.7539	0.4002	1.2770
乡城	0.9721	0.7136	0.2640	1.1003
小学及以下	0.4952	1.2318	0.1718	1.8265
初中	0.8123	1.3696	0.3416	2.0606
高中	0.5793	1.0433	0.4412	2.2825
大专	0.7011	0.6916	0.3259	1.2538

续表

年份	2001	2005	2010	2016
本科及以上	0. 3587	0. 4425	0. 2577	0. 7611
16—20 岁	0. 8478	3. 0000	0. 1212	0. 2017
21—25 岁	0. 3892	0. 4082	0. 3693	0. 5297
26—30 岁	0. 8418	0. 7870	0. 3592	0. 8261
31—35 岁	0. 8675	0. 8762	0. 3378	0. 9473
36—40 岁	0. 7215	1. 4483	0. 5241	1. 4315
41—45 岁	0. 6882	1. 2887	0. 2520	2. 3694
46—50 岁	0. 7117	1. 1842	0. 2827	2. 4337
51—55 岁	0. 5081	1. 0636	0. 4038	2. 0813
56—60 岁	0. 3769	0. 5016	0. 2822	3. 2736
上海	0. 6276	1. 2744	0. 4134	1. 7140
武汉	0. 7275	1. 1564	0. 4608	1. 8020
沈阳	0. 7068	0. 9881	0. 2993	2. 9391
福州	0. 4873	0. 7560	0. 5021	1. 5754
西安	0. 7546	0. 6951	0. 4443	2. 2741
广州	—	—	0. 2606	1. 2315

数据来源：中国社会科学院人口与劳动经济研究所中国城市劳动力调查。

从分性别的工作转换周期的年龄特征上看（见图 7－7），女性的工作转换周期基本长于男性，只有在 50 岁以后，对应女性的劳动参与率大幅下降退出劳动力市场，女性工作转换周期明显大幅下降。从 2016 年的情况上看，男性基本随着年龄的提高，工作转换周期越来越长；女性大致也体现了这一特征，并且在 41—50 岁之前劳动参与率较高时，这一特征更为明显，即随着女性年龄提高，其工作转换周期大幅变长。与之前的情况对比，在 2016 年对应女性中年阶段转换周期差异更为突出并在之后持久累积加剧，这在一定程度上来自生育后女性在进入劳动力市场以及进行工作决策上更加趋稳僵化的表现。

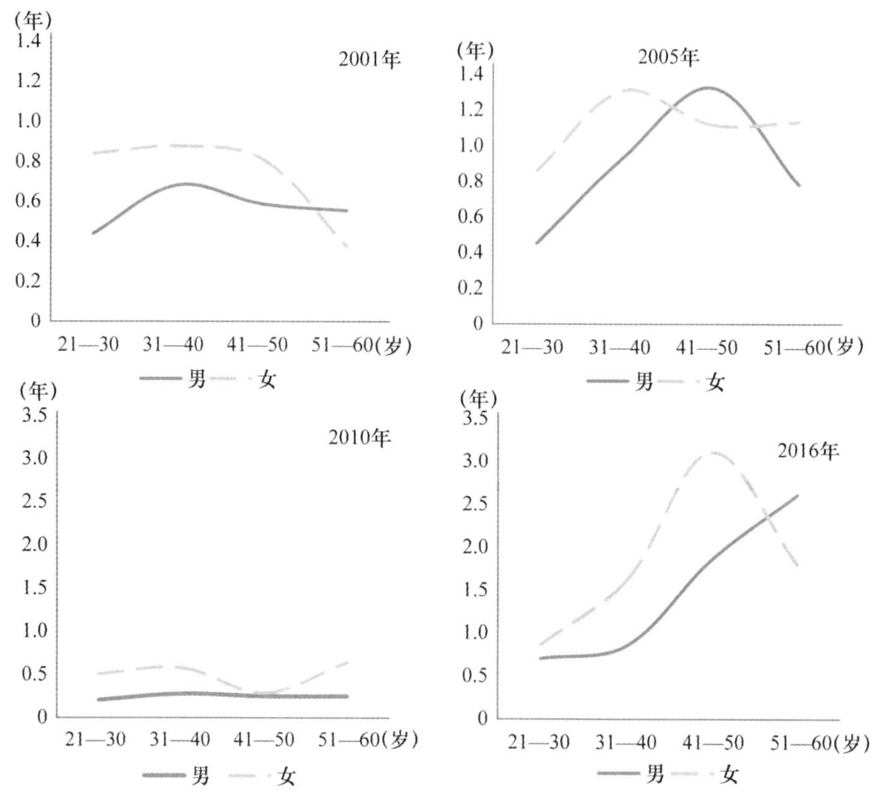

图 7－7　分性别工作转换周期的年龄分布

数据来源：中国社会科学院人口与劳动经济研究所中国城市劳动力调查。

以分户籍的状况看（见图 7－8），2016 年，工作转换周期较为明确地显现为随年龄增长转换周期越长的特征，本地劳动力的转换周期显著高于外来劳动力。而这样的差异更多体现在 35 岁以上的年龄组上，在 35

岁之前的较年轻阶段，所有群体的工作转换周期都较短，都在进行相对更多的匹配尝试；而在 35 岁之后更多的本地劳动力逐步获得较合意的匹配工作，工作转换明显更少，工作转换周期明显更长，而外来劳动力仍然继续进行着相应的工作转换尝试。

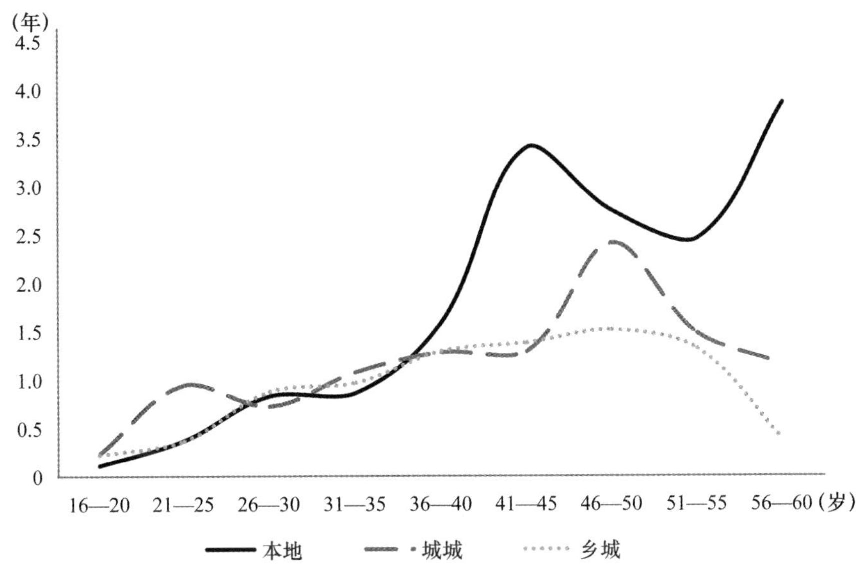

图 7－8　2016 年分户籍工作转换的年龄分布

数据来源：中国社会科学院人口与劳动经济研究所中国城市劳动力调查。

从起点 2001 年和 2016 年之间情况的变化来看（见图 7－9），在各个教育群组上都显示出工作转换周期变长，工作转换的决策更加稳健谨慎。以 2016 年的情况看，总体上显示出受教育程度越高，工作转换的周期越短，本科学历劳动力的转换周期最短，其次是大专学历劳动力，高中学历的转换周期最长，这在一定程度上也呼应了劳动力市场的分化的总体态势，也即较高学历和较低学历对应的劳动力市场更为灵活，工作转换周期更短。结合工作转换的情况也呼应了这一判断，即受教育程度居中的工作转换较多、转换周期较长。

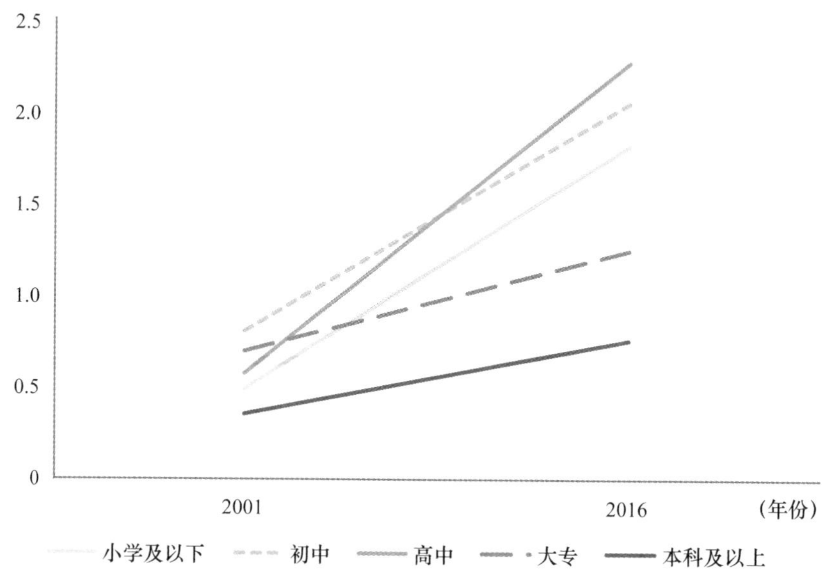

图7-9 分受教育程度工作转换周期（16—60岁）

数据来源：中国社会科学院人口与劳动经济研究所中国城市劳动力调查。

估算的工作转换周期决定方程显示，在控制住相关变量后，在2010年和2016年显示为年龄越大转换周期越长；在2016年显示出受教育程度较高群体的转换周期更短；在2005年劳动力市场冲击较大时，外来劳动力的工作转换更加困难进而转换周期更长；而在2016年劳动力市场发育较为成熟后，外来劳动力显示了更大的灵活性，转为本地劳动力的转换周期更长。

（三）小结与讨论

工作转换更加有序有效。有关对工作转换的判断涉及价值评估，即工作转换可以使得劳动者在不断搜寻工作的过程中获得与自身人力资本水平更加匹配的工作，而过多的工作转换使得劳动者无法在固定岗位上积累专有人力资本。完全僵化无工作转换和无序频繁的工作转换都不是良好灵活运行的劳动力市场。本章的测算表明伴随劳动力市场的从无到有，在 2001 年工作转换频率最小，在 2005 年工作转换频率较高，随后工作转换频率开始回落，相应地体现了劳动力市场建立之初的短暂冲击，以及后来逐渐运行、效率提升的变化趋势。从分群体的分析上看，受教育程度较高的劳动力具有获得较好就业状况的可能性，而不具有当地城市户籍在一定程度上限制其可能较好就业状况的实际获得。对于这样的群体来说，通过工作转换可以在一定程度上尝试寻求到更合意并符合其人力资本水平的就业。本章的测算表明，受教育程度居中的群体工作转换更多，转换周期更长；从相关的户籍特征上看，工作转换可以显著提高外来劳动力的收入水平、社会保障水平。总体上，当前工作转换更加有序有效。

劳动力市场表现是经济总体运行的明显信号。中国自改革开放以来经济发展取得举世瞩目的成就，21世纪以来伴随国有企业改革等重大改革的推进，劳动力市场的市场化也逐步推进完善；与此同时，中国的人口态势和劳动力供求关系在此期间均发生了重大变化。作为连接经济和人口两端劳动力市场的发展特征无疑体现了人口和经济两端的各自面貌以及衔接特征。经济的发展成为劳动力市场运行的基石，劳动力市场也成为经济发展的要素支撑。而中国作为区域间发展程度存在较大差异的大国经济体，则可以从不同地区的劳动力市场表现窥探经济发展与劳动力市场发展的相互关系。本书的相关测算表明，当前东部较发达的上海、广州等城市，代表了经济率先发展的地区，其劳动力市场也拥有较高的劳动参与率、较低的失业率、较适当的工作转换和转换周期等全方面的良好表现；而经济发展相对落后的东北地区的沈阳和西北地区的西安等城市则表现为劳动参与率较低、失业率较高、转换周期较长，对应缺乏活力的经济和缺乏运行效率的劳动力市场。

八 展望

当前中国处在重要的历史交汇期，世界正处于百年未有之大变局，中国人口、经济与社会结构面临深刻转型。“十四五”时期，中国劳动力市场的供给侧与需求侧均出现重大变化，劳动年龄人口将继续下降，就业总人口逐步减少，人口总量达峰也近在眼前，但老龄化和劳动供给变化并不是就业形势转变的根本性和决定性因素。[1] 劳动力市场的主要“牵引力”正在从供给侧逐步让位于需求侧。机器人和人工智能全面渗透劳动力市场，岗位结构和技能需求发生深刻变化，平台就业等非标准就业成为就业“新常态”，用工方式和劳资关系出现重大变革，新冠肺炎疫情冲击也加速了就业需求变化。

---

① 张车伟、高文书、程杰编：《中国人口与劳动问题报告 No. 20——面向更高质量的就业：“十四五”时期中国就业形势分析与展望》，社会科学文献出版社 2019 年版。

当前及未来一个时期，我国经济发展方式将加快转变，服务业就业比重持续提高，预期就业总需求能够保持稳定，劳动力市场总体供需能够保持基本平衡，但劳动供给弹性持续下降，依靠工资增长扩大城镇劳动供给的作用明显减弱，[①] 通过劳动力在城乡、地区、行业之间的流动实现的资源配置效率改进空间逐渐收缩。新时期经济发展需要更加依靠劳动生产率提高，而劳动生产率提高将更多依赖技术进步和技能提升。这将引发一个不可逆转的结果，劳动力市场的总量矛盾将让位于结构性矛盾，成为未来就业的主要矛盾。劳动力市场制度与就业政策将更加突出促进就业高质量发展，这也符合高质量发展阶段的时代要求。

在新的发展阶段，我国劳动力市场发展出现一些新现象、新趋势，这些新挑战既有来自人力资本、劳动参与率等供给侧的变化，也有源自发展路径、新技术变革等需求侧的冲击，同时还有内外部环境的复杂性，这些新形势不仅针对劳动力市场本身，也事关经济转型与高质量发展，其应对难度可能是前所未有的，大多不会随着经济发展而自行解决。

一是人力资本全面提升的关键短板。“十年树木、百年树人”，人力资本积累是一个长期过程，相对于物

① 程杰、朱钰凤：《劳动供给弹性估计：理解新时期中国劳动力市场转变》，《世界经济》2021 年第 8 期。

质资本和经济增长，人力资本追赶的难度明显更大。尤其在全球新一轮技术革命推动下，经济和产业转型的速度加快，当前我国人口素质和劳动者技能水平尚不能满足新发展阶段和新发展格局的要求。加强人力资本积累的任务紧迫，教育体系改革是否已经为即将进入劳动力市场的新青年打好基础？技能培训和终身学习体系是否已经为数亿存量劳动力的技能再造做好准备？

二是传统活力之源的式微。劳动力市场的活力主要表现在两个方面：劳动参与率和劳动生产率。多个证据表明，我国劳动参与率已经处于下降态势，人口老龄化影响全社会劳动参与率，但并不是我国过去十多年来劳动参与率下降的主要原因，青年人员尤其是女性退出劳动力市场的影响更大。我国女性劳动参与率在世界范围处于较高水平的优势将逐渐减弱，背后有家庭与职业冲突、就业歧视、教育发展等多重因素。配置效率长期以来是劳动生产率提升的重要来源，但劳动力在部门之间的结构转换带来的配置效率趋于枯竭，劳动生产率进一步提升有赖于第二产业和第三产业内部的产业高端化升级，从简单的劳动要素的配置转向人力资本的配置是效率改进的可行路径。[①] 可供挖掘的劳动参与率的潜力在哪里？劳动生产率提升的新

① 曲玥：《考虑教育异质性的人力资本配置效率测算——基于“企业—员工”匹配调查数据》，《中国工业经济》2020 年第 8 期。

动能如何实现？

三是人口红利之后的“或有负债”。[①] 人口红利是改革开放以来中国经济奇迹的重要支撑力量，但任何事物都有其两面性，当前正处于人口结构快速转型时期，人口红利消失之后需要警惕转型的成本与风险。尤其是中国独特的人口转型和快速老龄化将抑制劳动力市场规模扩张、减缓全要素生产率增长，从而对未来一个时期的经济增长造成明显冲击。[②] 劳动力低成本优势驱动了劳动密集型产业发展，人口红利支撑的经济增长方式更偏向于劳动密集型和出口导向型，一定程度上不利于自主研发和技术创新，当前关键技术被“卡脖子”的现象已经提出警示。发展方式存在路径依赖，人口红利之后的转型成本更高、阵痛也更大，这些经济和社会层面的转型成本将构成“后人口红利”时期经济发展的“或有负债”，可能导致陷入经济停滞的风险。所谓“成也萧何败也萧何”，人口作为经济发展中的关键要素之一，是否也存在类似“资源诅咒”的陷阱呢？如果存在，劳动力市场制度能够做出哪些积极主动的应对呢？

① 或有负债（contingent liability）是指因过去的交易或事项可能导致未来所发生的事件而产生的潜在负债，或有负债的支付与否视未来的不确定事项是否发生而定。这里做一个或许不恰当的比喻。

② 都阳、封永刚：《人口快速老龄化对经济增长的冲击》，《经济研究》2021 年第 2 期。

四是新发展模式的冲击和渗透。以机器人和人工智能为代表的第四次科技革命全面渗透，给劳动力市场带来的影响备受关注。基本达成的共识是，较之于前三次科技革命，这一轮的冲击范围更广、程度更深，工业机器人应用对于普通工作岗位存在替代效应，长期来看就业创造效应会超过就业破坏效应，但短期冲击不可避免，沮丧的工人如何安置是一个难题，同时新技术正在改变劳动力市场的工作任务（task）和技能需求，并倾向于再次扩大劳动者工资差距。[①] 颠覆远不止于工作岗位层面，以平台就业为代表的非标准就业成为就业"新常态"，非标准就业给非正规就业的价值判断带来了难题与争议，长期以来我们努力追求的劳动力市场正规化是否应该重新思考？非标准就业改变了传统用工方式和劳动关系，基于雇主—雇员的社会保险制度应如何重新设计？非标准就业并不是稳定的就业，但也并非低质量的就业，要如何兼顾劳动力市场的灵活性和劳动者权益保护双重目标？

五是经济和就业的内部与外部区域再平衡双重压力。不平衡不充分矛盾已经成为经济发展的主要矛盾，东部经济发达地区总体处于充分就业状态，但东北地区、部分中西部地区的就业形势不容乐观，局部地区

① 都阳、贾朋、程杰：《劳动力市场结构变迁、工作任务与技能需求》，《劳动经济研究》2017年第3期。

面临就业需求疲软的问题，尤其是东北老工业城市的失业率居高不下，就业需求不足影响就业意愿，导致劳动参与率持续下降，高失业率、低参与率的萧条格局已经显现，传统资源枯竭、产业结构单一、就业机会匮乏、人力资源流出成为这些地区的典型特征。如何从根本上激活城市经济与劳动力市场活力，需要改革的决心，也需要耐心。同时，当今国际政治经济格局正在发生深刻变化，全球新冠肺炎疫情形势仍未得到全面有效控制，外部环境的复杂性更强、不确定性更大，从发展中大国向现代化强国转变中必然面临大国博弈和竞争，“友好”外部环境将成为过去式，国际贸易摩擦将是持久现象。总体上，外部环境变化对就业冲击影响可控，不会造成大规模失业问题，但局部性和结构性冲击不可忽视，尤其是东南沿海地区集中了大量低技能、流动青年，当技术变革、产业转型与外部冲击等多重负面因素叠加，可能会将就业问题激化引发成社会问题。

更加充分更高质量就业根本上是要增进民生福祉，改善人民生活品质，不断实现人民对美好生活的向往。《国民经济和社会发展第十四个五年规划和2035年远景目标纲要》对未来劳动力市场与就业发展提出了明确方向，要求进一步实施就业优先战略，健全有利于更充分更高质量就业的促进机制，扩大就业容量，提升就业质量，缓解结构性就业矛盾，加快提升劳动者技能素质，完善重点群体就业支持体系，统筹城乡就业政策体系，健全就业公共服务体系、劳动关系协调机制、终身职业技能培训制度等。

在供给侧、需求侧以及内外部环境的各方复杂变化下，随之而来的另一个现实挑战是，就业扩大（充分就业）与劳动生产率（高质量就业）之间的两难。更加充分更高质量就业是就业发展的目标，但更加充分与更高质量两个目标之间并不完全一致、矛盾逐渐突出。当前我国经济正在走向服务业为主导的发展阶段，服务业就业吸纳能力优势为就业形势稳定发挥支撑作用，但我国产业与就业结构的“服务业化”步伐不匹配。尽管服务业劳动生产率逐渐提高，但明显低于工业部门劳动生产率增长，制约了服务业工资增长和就业质量提升，就业创造与劳动生产率提升之间存在“两难”局面。以牺牲劳动生产率为代价的经济政策和就业政策都不具有可持续性，诸如援企稳岗等临时性的就业举措如何退出？如何协调充分就业与高质量就业之间的关系？这需要在就业优先理论层面思考并落实到劳动力市场政策中。面向更加充分更高质量就业的目标，劳动力市场体系建设至少在以下几个方面可以有所作为。

一是从理论与实践层面落实将就业优先政策置于

宏观政策层面。就业是民生之本，更是经济社会稳定发展的基石。新时期就业优先理论内涵应该丰富和扩展，将就业目标不仅作为一项民生保障纳入社会政策范畴，有必要将劳动参与率、失业率、就业率等关键指标作为货币政策和财政政策的先行指标和关键决策依据，从理论和实践层面探讨货币政策、财政政策对劳动力市场的影响，在操作层面建立就业政策、货币政策、财政政策与产业政策相互协调的机制。

二是建立适应新技术革命要求的人力资本积累体系。关注“数字鸿沟”和“技术性失业”，教育培训体系要做好充分准备，更加重视科学、技术、工程和数学等基础学科建设。开展全生命周期的人力资本投资，完善终身学习体系和职业技能培训制度，尤其注重儿童早期教育和中老年人人力资源开发，关注容易被自动化取代的工作岗位。此外，保持充分和高质量的就业创造能力，努力保持中高速经济增长，创造更多就业岗位，发挥服务业和新兴产业就业带动能力，不断提高劳动力生产率。

三是将结构性失业作为就业主要矛盾积极化解。从教育和技能的深层次矛盾出发，立足于长远解决就业结构性矛盾。加快提高劳动者技能素质，增强职业技术教育适应性，深化劳动力市场改革，消除就业流动的障碍，推动岗位与技能之间的匹配。妥善处理化解产能过剩和债务风险过程中积累的就业矛盾，稳岗补贴等政策是暂时保留低质量岗位的过渡性举措，要逐步从“稳岗位”向“稳就业”转变，在经济结构调整中同步实现就业转换。同时，建立高效的劳动力市场制度和就业预警机制，建立就业质量指标体系，编制反映就业发展不平衡不充分的结构性指标。

四是扩展就业“蓄水池”应对系统性和规模性风险。农业农村“蓄水池”功能明显弱化，面对未来可能出现的大规模失业风险，新的就业“蓄水池”应该在城镇扩建，依托城镇的社区、技能培训中心、职业学校、普通高等院校等平台，整合公共资源，当出现较大范围的就业冲击，能够在就业地便捷地将失业人群吸纳到本地教育和技能培训体系中。发挥职业教育在终身学习体系建设中的依托作用，高职院校率先向社会开放，鼓励有技能提升需求的各行各业人员重返校园，补齐全生命周期人力资本体系的关键短板。

五是更具前瞻性的关键制度改革。户籍改革要富有战略远见，逐步放松人口总量调控的约束性，建立以人为本的居住证制度，完善城乡和区域之间的社会保障衔接机制，城镇最低生活保障制度、公租房和长租房等政策全面覆盖常住流动人口。通过公共服务均等化引导人口和劳动力有序流动、高效配置，促进劳动力市场与地区经济协调发展。探索劳动与资本、技术再平衡的社会保护制度，社保体系未来筹资方向有必要考虑从“人”转向“技术”和“资本”，“机器人税”可以考虑作为新的社保筹资来源，探索全民基本收入制度，提供无条件收入补贴，更好地包容受到新技术革命、新冠肺炎疫情、金融危机等系统性冲击影响的群体，这一制度设计也符合以人为本、共享发展的新发展理念。

附录　相关模型估计结果

附表 1　　劳动参与率的群体特征估计

	(1)	(2)	(3)	(4)
	2001	2005	2010	2016
男性	0. 733*** (15. 91)	0. 727*** (14. 96)	0. 942*** (26. 25)	1. 073*** (25. 49)
已婚	0. 0696 (0. 87)	0. 250*** (3. 10)	0. 122** (2. 31)	-0. 104* (-1. 74)
年龄	0. 172*** (10. 39)	0. 438*** (26. 65)	0. 431*** (35. 75)	0. 407*** (28. 70)
年龄平方	-0. 00266*** (-13. 45)	-0. 00581*** (-27. 96)	-0. 00569*** (-38. 17)	-0. 00530*** (-30. 66)
初中	0. 241** (2. 54)	0. 225 (1. 64)	0. 154** (2. 00)	0. 0859 (0. 99)
高中	0. 550*** (5. 78)	0. 463*** (3. 40)	0. 251*** (3. 20)	0. 238*** (2. 67)
大专	1. 091*** (9. 24)	0. 527*** (3. 60)	0. 508*** (5. 86)	0. 639*** (6. 35)
本科及以上	1. 163*** (8. 59)	0. 967*** (6. 16)	0. 859*** (8. 90)	0. 790*** (7. 70)

续表

	(1)	(2)	(3)	(4)
	2001	2005	2010	2016
城城	-0.593 (-1.26)	-0.234 (-1.01)	0.347*** (4.78)	0.215*** (3.31)
乡城	-0.162 (-1.07)	0.0488 (0.29)	0.504*** (10.25)	0.347*** (6.51)
武汉	-0.0996* (-1.71)	-0.455*** (-7.14)	0.00496 (0.09)	-0.0962 (-1.63)
沈阳	-0.106* (-1.75)	-0.227*** (-3.49)	-0.0374 (-0.67)	-0.188*** (-2.76)
福州	0.153** (2.47)	-0.0358 (-0.55)	-0.0791 (-1.52)	-0.0529 (-0.89)
西安	0.0281 (0.45)	-0.434*** (-6.45)	-0.148*** (-2.66)	-0.222*** (-3.67)
广州	—	—	-0.0415 (-0.81)	-0.0564 (-0.99)
常数项	-2.397*** (-7.67)	-7.575*** (-25.00)	-7.524*** (-33.11)	-7.237*** (-26.04)
样本量	6176	5488	15183	10344

注：受教育水平的参照组为小学及以下，户籍类型的参照组为本地户籍，城市的参照组为上海。

附表 2　　**失业率的影响因素估计**

	(1)	(2)	(3)	(4)
	2001	2005	2010	2016
男性	0.0537 (1.06)	0.124** (2.00)	0.175*** (3.10)	0.226*** (2.99)
已婚	-0.198** (-2.55)	-0.307*** (-3.29)	-0.358*** (-5.45)	-0.407*** (-3.66)

续表

	(1)	(2)	(3)	(4)
	2001	2005	2010	2016
年龄	0.0463** (2.45)	0.140*** (6.76)	0.0255 (1.59)	0.0109 (0.50)
年龄平方	-0.000847*** (-3.62)	-0.00193*** (-6.98)	-0.000440** (-2.03)	-0.000230 (-0.86)
初中	0.125 (1.08)	0.227 (1.17)	0.309* (1.88)	-0.0659 (-0.40)
高中	-0.0603 (-0.53)	-0.0179 (-0.09)	0.107 (0.64)	-0.144 (-0.79)
大专	-0.604*** (-4.01)	-0.434** (-1.97)	0.0428 (0.24)	-0.140 (-0.76)
本科及以上	-1.090*** (-5.77)	-0.572** (-2.53)	-0.0220 (-0.12)	-0.222 (-1.19)
城城	-0.323 (-0.64)	-0.147 (-0.42)	-0.408*** (-3.60)	-0.236* (-1.81)
乡城	-0.173 (-0.97)	0.0312 (0.14)	-0.451*** (-4.70)	-0.270** (-2.15)
武汉	0.306*** (4.42)	0.232*** (2.71)	0.0344 (0.34)	0.285** (2.19)
沈阳	0.245*** (3.35)	0.0928 (0.99)	0.475*** (5.01)	0.383*** (2.82)
福州	-0.0181 (-0.23)	-0.0698 (-0.72)	-0.0865 (-0.81)	0.409*** (3.36)
西安	0.0878 (1.14)	0.198** (2.20)	0.283*** (2.82)	0.325** (2.46)
广州	—	—	0.275*** (2.90)	0.343*** (2.84)
常数项	-1.601*** (-4.49)	-3.760*** (-9.74)	-2.257*** (-7.25)	-1.977*** (-4.72)
样本量	6176	5488	15183	10344

注：受教育水平的参照组为小学及以下，户籍类型的参照组为本地户籍，城市的参照组为上海。

附表3 工作转换的影响因素估计

	(1)	(2)	(3)	(4)
	2001	2005	2010	2016
男性	0.0726 (1.57)	-0.472*** (-10.67)	0.266*** (9.00)	0.419*** (11.73)
已婚	-0.117 (-1.57)	-0.460*** (-6.05)	-0.267*** (-5.96)	0.0628 (1.16)
年龄	0.0731*** (4.35)	-0.339*** (-20.38)	0.196*** (19.26)	0.244*** (17.74)
年龄平方	-0.00103*** (-5.01)	0.00422*** (20.59)	-0.00256*** (-20.03)	-0.00305*** (-18.36)
初中	0.244** (2.00)	-0.407*** (-2.84)	0.0425 (0.64)	0.247*** (2.91)
高中	0.296** (2.45)	-0.604*** (-4.25)	-0.134** (-1.99)	0.301*** (3.46)
大专	0.254* (1.87)	-0.849*** (-5.59)	-0.186** (-2.45)	0.195** (2.06)
本科及以上	0.0405 (0.27)	-1.241*** (-7.97)	-0.223*** (-2.76)	0.159* (1.65)
城城	0.590 (1.59)	0.729*** (2.85)	0.577*** (11.71)	0.292*** (5.38)
乡城	0.0654 (0.41)	0.0284 (0.19)	0.682*** (18.26)	0.264*** (5.63)
武汉	-0.446*** (-7.40)	0.668*** (11.09)	-0.143*** (-3.08)	-0.00999 (-0.18)
沈阳	-0.391*** (-6.16)	0.640*** (10.32)	-0.0858* (-1.76)	-0.343*** (-5.33)
福州	-0.245*** (-3.98)	0.167*** (2.78)	-0.536*** (-11.44)	-0.146*** (-2.59)
西安	-0.357*** (-5.65)	0.462*** (7.51)	-0.401*** (-7.90)	-0.228*** (-3.83)

续表

	(1)	(2)	(3)	(4)
	2001	2005	2010	2016
广州	—	—	0.180*** (4.25)	0.167*** (3.34)
常数项	-2.112*** (-6.54)	7.272*** (22.54)	-3.680*** (-19.72)	-5.831*** (-20.92)
样本量	6176	5488	15183	10344

注：受教育水平的参照组为小学及以下，户籍类型的参照组为本地户籍，城市的参照组为上海。

附表 4　　　　工作转换周期的影响因素估计

	(1)	(2)	(3)	(4)
	2001	2005	2010	2016
男性	-0.0861 (-0.74)	-0.242 (-1.16)	-0.312*** (-2.69)	-0.465*** (-4.75)
已婚	0.140 (0.72)	-0.477* (-1.73)	-0.227 (-1.39)	-0.0448 (-0.29)
年龄	0.0615 (1.26)	0.130 (1.44)	0.0977* (1.87)	0.138*** (2.91)
年龄平方	-0.000864 (-1.45)	-0.00136 (-1.20)	-0.00135** (-1.98)	-0.00145** (-2.48)
初中	0.0296 (0.09)	0.0278 (0.06)	0.184 (0.94)	0.0245 (0.13)
高中	-0.146 (-0.43)	-0.309 (-0.69)	0.333 (1.63)	0.0931 (0.47)
大专	-0.170 (-0.47)	-0.740 (-1.33)	0.192 (0.77)	-0.399* (-1.82)
本科及以上	-0.613 (-1.58)	-1.227** (-2.08)	0.0970 (0.38)	-0.745*** (-3.33)

续表

	(1)	(2)	(3)	(4)
	2001	2005	2010	2016
城城	0. 867 (1. 17)	1. 410*** (3. 31)	0. 0964 (0. 56)	0. 0387 (0. 29)
乡城	0. 0210 (0. 05)	0. 669* (1. 79)	-0. 0286 (-0. 22)	-0. 229* (-1. 90)
武汉	0. 130 (0. 84)	0. 254 (0. 88)	0. 278 (1. 13)	0. 343** (2. 37)
沈阳	-0. 336* (-1. 77)	0. 156 (0. 47)	0. 175 (0. 91)	0. 235 (1. 09)
福州	-0. 241* (-1. 72)	-0. 654** (-2. 29)	0. 351 (1. 50)	-0. 0669 (-0. 42)
西安	-0. 197 (-1. 08)	-0. 138 (-0. 49)	0. 293 (1. 29)	0. 132 (0. 72)
广州	—	—	0. 105 (0. 70)	0. 0617 (0. 48)
常数项	-2. 451*** (-2. 60)	-3. 140* (-1. 82)	-3. 844*** (-4. 01)	-3. 636*** (-3. 82)
样本量	905	434	1601	2381

注：受教育水平的参照组为小学及以下，户籍类型的参照组为本地户籍，城市的参照组为上海。

参考文献

Bai C. E., Liu Q. and Yao W., "Earnings Inequality and China's Preferential Lending Policy", *Journal of Development Economics*, 145, 2020: 102477.

Meng, X., Shen, K. and Xue, S., "Economic Reform, Education Expansion, and Earnings Inequality for Urban Males in China, 1988 – 2009", *Journal of Comparative Economics*, 41 (1), 2013: 227 – 244.

OECD, "Employment Outlook 2004", Paris.

Sun, Shengwei and Feinian Chen, "Women's Employment Trajectories During Early Adulthood in Urban China: A Cohort Comparison", *Social Science Research*, 68, 2017: 43 – 58.

Zhang D. D., Meng X. and Wang D. W., "The Dynamic Change in Wage Gap between Urban Residents and Rural Migrants in Chinese Cities", PMMA Working Paper, 2010.

Zhang, J., Zhao, Y., Park, A. and Song, X, "Economic

Returns to Schooling in Urban China, 1988 to 2001", *Journal of Comparative Economics*, 33 (4), 2005: 730 – 752.

蔡昉、都阳、高文书:《就业弹性、自然失业和宏观经济政策——为什么经济增长没有带来显性就业?》,《经济研究》2004 年第 9 期。

蔡昉、都阳:《工资增长、工资趋同与刘易斯转折点》,《经济学动态》2011 年第 9 期。

蔡昉、王美艳:《非正规就业与劳动力市场发育——解读中国城镇就业增长》,《经济学动态》2004 年第 2 期。

蔡昉、王美艳:《中国城镇劳动参与率的变化及其政策含义》,《中国社会科学》2004 年第 4 期。

蔡昉:《打破"生育率悖论"》,《经济学动态》2022 年第 1 期。

蔡昉:《改革时期农业劳动力转移与重新配置》,《中国农村经济》2017 年第 10 期。

程杰、朱钰凤:《劳动供给弹性估计:理解新时期中国劳动力市场转变》,《世界经济》2021 年第 8 期。

邓曲恒:《城镇居民与流动人口的收入差异——基于 Oaxaca-Blinder 和 Quantile 方法的分解》,《中国人口科学》2007 年第 2 期。

都阳、封永刚:《人口快速老龄化对经济增长的冲击》,《经济研究》2021 年第 2 期。

都阳、贾朋、程杰:《劳动力市场结构变迁、工作任务与技能需求》,《劳动经济研究》2017年第3期。
都阳、贾朋:《劳动供给与经济增长》,《劳动经济研究》2018年第3期。
都阳、万广华:《城市劳动力市场上的非正规就业及其在减贫中的作用》,《经济学动态》2014年第9期。
都阳:《论劳动力市场改革的两个目标》,《中共中央党校学报》2016年第5期。
都阳:《农民工工资上涨的喜与忧》,《人民论坛》2018年第19期。
都阳:《以更高的人力资本水平为新时代的发展提供动力》,《劳动经济研究》2017年第6期。
李培林:《理解与应对:我国新发展阶段的南北差距》,《社会发展研究》2022年第1期。
李实、丁赛:《中国城镇教育收益率的长期变动趋势》,《中国社会科学》2003年第6期。
梁宏:《生命历程视角下的"流动"与"留守"——第二代农民工特征的对比分析》,《人口研究》2011年第7期。
吕炜、杨沫、朱东明:《农民工能实现与城镇职工的工资同化吗?》,《财经研究》2019年第2期。
曲玥:《户籍身份对工作转换及就业状况的影响》,《经济与管理评论》2022年第2期。

曲玥：《考虑教育异质性的人力资本配置效率测算——基于“企业—员工”匹配调查数据》，《中国工业经济》2020年第8期。

王美艳：《教育回报与城乡教育资源配置》，《世界经济》2009年第5期。

吴要武、蔡昉：《中国城镇非正规就业：规模与特征》，《中国劳动经济学》2006年第2期。

吴愈晓：《劳动力市场分割、职业流动与城市劳动者经济地位获得的二元路径模式》，《中国社会科学》2011年第1期。

谢伏瞻、蔡昉主编：《中国改革开放——实践历程与理论探索》，中国社会科学出版社2021年版。

邢春冰、陈超凡、曹欣悦：《城乡教育回报率差异及区域分布特征——以1995—2018年中国家庭收入调查数据为证》，《教育研究》2021年第9期。

张车伟、高文书、程杰编：《中国人口与劳动问题报告No. 20——面向更高质量的就业："十四五"时期中国就业形势分析与展望》，社会科学文献出版社2019年版。

朱明宝、杨云彦：《近年来农民工的就业结构及其变化趋势》，《人口研究》2017年第9期。

后　记

中国城市劳动力调查（China Urban Labor Survey，CULS）是中国社会科学院人口与劳动经济研究所实施的品牌调查项目，是国内最早启动的大型住户抽样调查项目之一，至今已经有20多年的历史，形成了一批有影响力的重要学术成果，也训练了一批具备扎实调查研究能力的科研队伍。

本书的作者成员自2009年启动的CULS3开始加入该项调查，跟随调查团队学习并参与问卷设计、预调查、抽样、入户实施等各个环节，体会了入户调查每一程的艰辛与不易，更从团队合作中享受了传帮带之温暖以及志同道合之欣喜。后利用调查数据撰写完成学术论文和政策研究报告等各项成果，收获了学术研究的乐趣和成就感。伴随这样的过程，学术生涯得以开启，研究之路依此行进。

原计划于2020年开展第五轮调查，受突如其来的新冠肺炎疫情影响，调查实施阶段一再推迟。利用空档期，我们团队继续推动数据开发与合作研究，利用前四轮调查数据，系统地梳理了21世纪以来中国城市劳动力市场变化。一方面回顾历史，把握趋势性变化，另一方面也为更好地开展下一轮调查研究做好准备。本书立足于劳动力市场关键指标和重大议题，关注动态变化，以统计分析为主，用数据和事实刻画劳动力市场快速转变过程，并尝试提出一些具有趋势性、前瞻性和学术价值的研究议题。

本书是研究团队的共同成果，曲玥和程杰负责总体设计，具体撰写工作分工如下：第二章（曲玥）、第三章（程杰）、第四章（王晓宇）、第五章（张琛）、第六章（李冰冰）、第七章（曲玥），其他部分内容由曲玥、程杰统筹完成。

数据是关键的科研生产要素，CULS调查数据也将以适当的方式逐渐向社会开放，期待未来更多感兴趣的学者参与数据开发与合作研究。

感谢历次CULS调查项目参与者的贡献！

2022年5月

曲 玥，辽宁沈阳人，经济学博士。中国社会科学院人口与劳动经济研究所研究员，研究领域为劳动经济与就业。

程 杰，安徽六安人，管理学博士。中国社会科学院人口与劳动经济研究所副研究员，研究领域为劳动就业与社会保障。

李 冰冰，山西平遥人，经济学博士。中国社会科学院人口与劳动经济研究所助理研究员，研究领域为劳动经济与就业。

王 晓宇，内蒙古乌海人，经济学博士。中国社会科学院人口与劳动经济研究所助理研究员，研究领域为劳动经济。

张 琛，安徽蚌埠人，管理学博士。中国社会科学院人口与劳动经济研究所助理研究员，研究领域为劳动经济、农业经济。